響きをみがく

音響設計家　豊田泰久の仕事

Ishiai Tsutomu
石合 力

朝日新聞出版

豊田泰久が音響設計をしたエルプフィルハーモニー・ハンブルク（ドイツ）。
（写真上）設計時に、ホールの10分の1サイズのモデルで音響を確かめる。コンピューター技術がいくら進んでも、模型内で実際に音を当てる実験が欠かせない。
（写真下）エルプフィルハーモニーは客席とステージが近く、聴衆は演奏者との一体感を楽しめる。
（いずれも筆者撮影）

2017年1月のエルプフィルハーモニーのこけら落とし公演では、ベートーヴェン作曲、交響曲第9番「合唱付き」の第4楽章が最後に演奏された。豊田と同じ最前列に座ったドイツのメルケル首相をはじめ、聴衆が総立ちで拍手をおくった。指揮はトーマス・ヘンゲルブロック。オーケストラはNDRエルプフィルハーモニー管弦楽団。（筆者撮影）

大学時代の豊田。高校、大学の学生オーケストラでは、オーボエを吹いた。「オケの要」といわれるオーボエの演奏経験は、音響バランスなどをめぐって指揮者とやりとりする際のよりどころとなる。大学一年生、1972年撮影。

（写真上）クラシック音楽の専用ホールとして1986年に完成したサントリーホールの建設風景（東京）。30代半ばだった豊田は、自ら志願して音響の「主担当」を務めた。1985年に撮影。
（写真下）サントリーホールのプロジェクトにかかわった関係者らと。右から4人目が豊田の師、永田穂（永田音響設計の創業者、当時は社長）。右端手前に座るのが豊田。（いずれも豊田泰久氏提供）

（写真上）建築家フランク・ゲーリーと。スペイン・ビルバオのグッゲンハイム美術館などで知られる建築界の巨匠とは、ロサンゼルスのウォルト・ディズニー・コンサートホールを皮切りに各地でプロジェクトを手がけた。2003年撮影。（写真下）フランク・ゲーリーが設計し、音響設計を豊田が担当したウォルト・ディズニー・コンサートホール。サントリーホールなどで培ったホール音響を海外に広げた最初のプロジェクトとなる。（いずれも豊田氏提供）

(写真上)ロサンゼルスを2003年に訪れた若き日の指揮者サイモン・ラトルと。ベルリン・フィルを退任し、ロンドン交響楽団の音楽監督を務めるラトルは、豊田が手がけたミューザ川崎シンフォニーホール(神奈川)の音響を世界最高と位置づける。(豊田氏提供)
(写真下)最も気心の知れた指揮者ワレリー・ゲルギエフが2014年に来日公演した際のリハーサルに立ち会う。ゲルギエフは札幌コンサートホールKitara(北海道)の音響に魅せられ、サンクトペテルブルク、モスクワ、ミュンヘンなどでホールの音響設計を豊田に依頼した。(筆者撮影)

イギリス・ロンドンで計画中の新コンサートホールの完成予想図。バービカン・センターに代わり、ロンドン交響楽団の新本拠地となる。音響設計は豊田に託された。（ロンドン交響楽団提供）

響きをみがく

音響設計家　豊田泰久の仕事

最も難しいのは、ホール完成後の最初のリハーサルです。
——豊田泰久（音響設計家）

序章　コンサートホールの黒衣

音響設計家という耳慣れない職業がある。クラシック音楽の演奏会場となるコンサートホールの響きを「設計する」仕事だという。図面を前に、残響の長さや反射音を緻密に計算し、完璧な響きを作り出そうと苦悩する技術者の姿を思い浮かべるかもしれない。だが、実際に会ってみると、その仕事ぶりは、イメージとはずいぶん違うものだった。

音楽好きの人ならば、「彼」の姿を、東京、ベルリン、パリ、ロサンゼルスなど内外の名だたるコンサートホールで見かけるだろう。身長は170センチほど。いつも黒いシャツに黒いジャケット姿でネクタイはしていない。ほおとあご、口元には、白髪まじりのひげをたくわえている。表情は柔和だが、銀縁眼鏡の奥の視線は、ホールの空間とオケの配置を鋭く見定めている。

本番前のリハーサル中、指揮者が客席側を振り向くことがある。そこにいるのも「彼」だ。ホール内の空間を飛び交う響きの音量やバランスを、指揮台からだけでなく、客席にいる彼の耳でも確かめているのだ。完成したホールの音響設計はもう終わっているにもかかわらず。しかも、中には自分が設計にかかわっていないホールもあるという。設計作業を見せてほしいと頼んでも「いや、私が図面を引くことは一切ないんです」と言う。では、どうやって「設計」するのだろう。指揮者を見守る彼は、何かの楽器の演奏者でもあるのだろうか。

「彼」の名は、豊田泰久《とよたやすひさ》。東京・赤坂のサントリーホールなど、各地のコンサートホールの音響設計で知られる会社「永田音響設計」のロサンゼルス事務所代表兼パリ事務所代表という肩書を持つ。外国の演奏者や音楽関係者には、ヤス・トヨタの名で知られるロサンゼルス在住の音響設計家である。外見どおり、まさに黒衣に徹するかのように動く彼の名は、祖国日本でよりもむしろ、海外で知られている。クラシック音楽の本場欧州に次々と誕生する新たなコンサートホールの建設プロジェクトで、著名な指揮者や名門オーケストラから必ずといっていいほど名指しで声がかかる。もちろん、受注するには、多くの場合、コンペ（設計競技のこと。同じ条件で金額を競う入札とは異なる）で勝ち抜かなければならない。

彼の名を世界が知ることになったのは、クラシック音楽のコンサート専用ホールとして東京にできたサントリーホール（1986年）がきっかけだった。

1980年代なかば、まだ30代前半の若き社員だった豊田は、音響設計の主担当者として、同ホールの音響設計を手がける。その後、「京都コンサートホール」（京都、1995年）「札幌コンサートホール Kitara（キタラ）」（札幌、97年）、「ミューザ川崎シンフォニーホール」（川崎、2004年）など、国内の主要ホールの音響設計を担当し、いずれも高い評価を得ることに成功する。各ホールの優れた音響は、ピアニストのクリスチャン・ツィメルマンや指揮者サイモン・ラトルら、世界的に著名な音楽家の注目を集め、彼らの口コミによって、世界各地でホール建築にかかわる建築家やインテンダント（オーケストラの事務局長）が知るところとなっていく。

時は21世紀。豊田は、2000年から活動の拠点を米西海岸・ロサンゼルスに移していた。ロサンゼルス・フィルハーモニックの新本拠地ウォルト・ディズニー・コンサートホール（ロサンゼルス、2003年）を、世界的な建築家フランク・ゲーリーと組んでつくるためである。日本のホールでみがいた音響づくりをそのプロジェクトで初めて海外に輸出した豊田は、活動の場を世界に広げていく。

その後の活躍ぶりは、まさに飛ぶ鳥を落とす勢いだ。ロシアの名門オペラハウスの敷地に新しくつくられた「マリインスキー・コンサートホール」（サンクトペテルブルク、06年）、「上海シンフォニーホール」（上海、14年）、パリ管弦楽団の本拠地「フィルハーモニー・ド・パリ」（パリ、15年）、韓国の「ロッテ・コンサートホール」（ソウル、16年）、そして2017年には、ドイツの「エルプフィルハーモニー・ハンブルク」、世界的な指揮者兼ピアニスト、ダニエル・バレンボイムの依頼を受けて、再びゲーリーと組んだベルリンの「ピエール・ブーレーズ・ザール」などが相次いで完成した。

著名な建築家ですら、「連戦連敗」（安藤忠雄の著書名）が珍しくないコンペで、まさに「連戦連勝」ともいえる破竹の勢いで世界各地の新ホールの音響設計を席巻する。欧米の音楽関係者の間では、今ではトヨタといえば、自動車ではなく、彼を指すといわれるほどの存在だ。欧米のメディアが彼のことを「音響の魔術師」「音響の教祖」などと、思わせぶりに評することも珍しくない。そこには、クラシック音楽の本場ではない東洋出身の彼がなぜ、という謎めいた思いもあるのだろう。

なかでも彼の音響設計でドイツ北部の港湾都市ハンブルクに完成した新ホール、エルプフィルハーモニーの開幕公演は、まるで国家行事のような華やかさだった。2017年1月11日。ベートーヴェンの交響曲第9番第4楽章「歓喜の歌」が終わると、最前列で聴いていたドイツの首相アンゲラ・メルケルをはじめ、聴衆は総立ちになった。

「ブラボー!」

拍手では物足らない聴衆が、口々に叫ぶ。それに応えて、ソリストをはじめNDRエルプフィルハーモニー管弦楽団（旧北ドイツ放送交響楽団）の団員たちも、一気に表情が華やいだ。

同楽団の新たな本拠地となるこの大ホールは、2100人を収容する。ベルリン・フィルハーモニーなどと同様、客席がステージを360度囲む「ヴィンヤード型」（ぶどう畑の意。ワインヤード型、ヴィニヤード型とも表記される）だ。

クラシック好きで知られるメルケルと同じ最前列で拍手を送っていた豊田は、そのとき携帯に英語のショートメッセージが入ったのに気づいた。

「天才がまた一つ、歴史をつくったね。建築家にも敬意を表します」

別の場所で生中継を観ていたクリスチャン・ツィメルマンからのものだった。現代最高のピアニストのひとりである。ピアノという楽器自体の響きだけでなく、ホール音響にも徹底的にこだわる完璧主義者の彼は、豊田が手がけたサントリーホールを完成から三十年を過ぎたいまも「世界一の音響」と絶賛し続けている。その豊田がつくった新たなホールは、そこで生みだされる名演奏とともに、21世紀のクラシック音楽の歴史に刻まれることになるだろう。そんな期待感を込めた賛辞だった。

響きの優れたホールとして、世界的に知られているのは、ウィーン・フィルハーモニー管弦楽団のニューイヤーコンサートでもおなじみの「ウィーン楽友協会ホール（ムジークフェラインスザール）」（ウィーン、1870年）や「ベルリン・フィルハーモニー」（ベルリン、1963年）だろう。

世界各地の名門オーケストラは、自らの本拠地にウィーンやベルリンに匹敵《ひってき》する優れた音響をもつ新ホールをつくろうというプロジェクトをそれぞれ独自に進めている。その際のコンペでは、建築家と音響設計家が指名される。両者があらかじめ組んでコンペに参加する場合、世界的な建築家たちの間で、豊田の奪い合いになることも多い。彼と組めるかどうかが、コンペの勝敗に大きな影響を与えるからだ。

世界各地で同時進行的に進む新ホールの建設プロジェクトにかかわり、豊田は、還暦を過ぎてからもひと月に何度も本拠地ロサンゼルスとヨーロッパ、時にはアジアを含めて飛び回る。エアラインの累積マイルはこの二十年で四百万マイルを超えた。一年で地球を四周している計算だ。

その仕事が一変したのは、２０２０年初めから世界に広がった新型コロナウイルス感染症である。この年は、音響設計家としての人生に一区切りをつける予定だった。6月に「永田音響設計」ロサンゼルス事務所の代表を67歳で退任し、活動の拠点を約二十年ぶりに日本に戻すことを決めていた。経営幹部としてのマネジメント的な仕事を減らし、音響設計家として、海外で続くホール建設のプロジェクトにかかわり続ける。そんな形で仕事の環境を変えようとしていたさなかに世の中は激変した。「ライヴ演奏のコンサートのない世界」が突然、訪れたのだ。

約百年前の第一次世界大戦末期の１９１８年から20年にかけて、世界各地に広がったスペイン風邪に匹敵する世界的流行（パンデミック）となった今回の新型コロナは、今後数年間、世界規模での流行と収束を何度か繰り返していくことになるだろう。世界中であらゆる公演が数カ月間にわたって中止となり、コンサートのライヴ演奏という形式に、すでに大きな影響を与えている。感染を防ぐための「社会的距離」（ソーシャル・ディスタンス）をどうすべきかをめぐり、ステージ上での演奏者間の位置、聴衆の座席配置などの試行錯誤が続いている。一方でこの間、「コンサートのない世界」を経験した多くの聴衆にとって、録音では決して味わうことのできないコンサートのすばらしさ、ありがたみを、これほど痛感したことはないに違いない。

アナログ録音からデジタルへ。そしてCDの音質をさらに上回るハイレゾでのストリーミング（インターネット配信）が当たり前になった時代に、コンサートホールのライヴ演奏でしか味わえないものとは何か。その一つは会場にいなければ味わうことのできない響きであろう。いい響きとは何か。豊田は「豊かであると同時に、クリアな響きを持っていること」だと言う。風呂場のような豊かさでは、響きの透明感は失われてしまう。一方で、透明感だけでは、豊かな響きにはつながらない。一見矛盾する二つの要素をコンサートホールという空間で、どうやって両立させていくのだろうか。本書では、謎めいた黒衣の実像を追いながら、彼がどのようにして究極の響きをつくりあげてきたのかを明らかにしてみたい。本書を読んだ後、読者は、コンサート会場で「音楽」だけでなく、「音響」についてもさらに深く味わえるようになるはずだ。

＊文中の建築家や指揮者、演奏者らの発言は、故人を除き、メディアからの引用を極力避けて、筆者自身のインタビューによるものを中心にしている。世界一流のマエストロ（巨匠）たちが「音楽」でなく、「音響」について詳細に語る機会はさほど多くないからである。
＊文中で豊田本人の発言は、ゴシック体とし、ほかの人の発言と区別した。登場人物の敬称は略させていただいた。

シューボックス(靴箱)型の代表として知られるウィーン楽友協会ホール(ムジークフェラインスザール)の内部。ホールの横幅は狭く、天井は高い。客席に近い側壁面から有効な反射音を得る。

ヴィンヤード(ぶどう畑)型の先駆けとなったベルリン・フィルハーモニーの内部。ステージの周りを客席が360度取り囲み、ステージと客席の距離が近い。客席を幾つかのブロックに分け、その側面から反射音を得る。(撮影はいずれも豊田氏)

響きをみがく　音響設計家　豊田泰久の仕事＊目次

序　章　コンサートホールの黒衣　003
第1章　運命を決めた演奏会　019
聴いて、吹いて、また聴いて　021
ザンデルリンクの衝撃　024
「いい音響」の秘密とは　029
立候補したプロジェクト　032
「これはスキャンダルだよ」　034
サントリーホール時代の予見　037
コンサートホールと演奏者の関係　040
ホールのエイジング効果　045
第2章　ふたりのマエストロとの出会い　049
「おまえとだけプロジェクトをしたい」　051
ゲーリーとのハラキリ　055

フィルハーモニー・ド・パリの音響秘話 061
語学ではない言語感覚 066
ゲルギエフとの五分 070
契約書にない人間関係 077
響き合う観察力 082
「担当者」から「音響設計家」へ 087

第3章 21世紀のコンサートホールが完成した 091

エルプフィルハーモニーの工夫 093
HdMとのキャッチボール 097
リハなしの「完璧な演奏」 104
問題はオーケストラか、指揮者か 107
ベルリン・フィル vs. ロンドン響 112
コンサート後のもう一つの響き 118

第4章 音響は科学か、それとも天気予報か 123
特異な直感力 125
ツィメルマンの実験 128
残響時間の神話 131
音響設計家の領域 135
響きの正体 138
二律背反の追求 143
新ホールでの〝蓋なし〟ショパン 147
「音は空気よりも軽いのです」 152
第5章 「大地の歌」をめぐって起きた「事件」 159
新ホールでの大曲 161
「歌手の声が聞こえない」 163
十分な時間が必要になる 166
真のバランスとは何か 169
マエストロの切望 177

第6章　究極の響きを指揮者とつくる　183
「オーケストラビルダー」ラトルとの出会い　185
ロンドンの新プロジェクト　190
ホールに宿るインティマシー　195
「音の魔術師」サロネン　201
クリアな音と豊かな音の両立へ　208
指揮者とオケのDNA記憶　216
グローバル時代の音響DNA　222
進化し続けるホール群　229
終　章　コロナ後のコンサートホール　235
コンサートホール・リスト　248
参考文献・資料　252

装幀　間村俊一
カバー・表紙写真　著者撮影

第1章　運命を決めた演奏会

東京の音楽ホールの歴史を戦前の日比谷公会堂時代、戦後の東京文化会館時代と大きく区切るなら、そのあとに必ずサントリーホール時代が来ると思います。

——諸井誠（作曲家、音楽評論家）

聴くことがすべてなのだ。弾く前に聴け。

——ヘルベルト・フォン・カラヤン（指揮者）

聴いて、吹いて、また聴いて

一つの体験が人生を左右することがある。一冊の本、あるいは映画。人との出会いもあるだろう。音響設計家豊田泰久にとって、それは何だったのだろう。「音響設計家」という職業を見いだし、そこにたどり着いたのは、いま振り返れば、さまざまな偶然が重なったようにみえる。でもそれは彼だからこそ見いだせた必然だったのかもしれない。

時は１９６０年代が終わろうとしていた。１９５２年に広島県福山市で生まれた彼は、地元にある国立の中高一貫校、広島大学附属福山中・高等学校に通っていた。高校二年のころ、図書館でたまたま手に取った一冊の大学案内本で、聞いたこともない学部、学科を目にした。福岡にある国立九州芸術工科大学（福岡市、現在は九州大学に統合）の「芸術工学部音響設計学科」。将来、どんな仕事に自分が就くのか見当はついていなかったが、この大学で学んだら、何かしら音楽に関する仕事ができるのではないか。不思議と確かな予感があった。

思えば中学生のころから、クラシック音楽のレコードをかなり聴いていました。好きでしたね。

当時、学校のブラスバンドで、サクソフォンを吹いていたんです。高校に進むとブラスバンドと弦楽合奏部の双方があり、「せっかく両方あるんだから、オーケストラをつくりましょう」と、音楽の先生が提案したんです。胸が躍りました。

でも、オーケストラのパートにサクソフォンはありません。すると、オーボエをやる人がいないという。オーボエの楽器は学校が費用を出して買うから、「誰か、やってみないか」ということになり、迷わず手を挙げました。ただし、校内にオーボエを教えてくれる先生はいなかった。だから、最初は独学です。レコードをひたすら聴いて、見よう見まねでね。そのうち、福山市内に大阪フィルハーモニー交響楽団でオーボエを吹いていたという方がいて、その先生にも通うようになりました。ですが、僕はそもそも演奏家を目指していたわけではありません。音楽家になる才能はなさそうだと、自分でもじゅうぶんわかっていましたからね（笑）。

クラシック音楽は好きでした。聴いて、吹いて、また聴いて。ですから、やっぱり音楽に近いところで何か仕事ができたらなあ、と。でも、そのための進学には文系を選べばいいのか、理系を選べばいいのかもわからなかったんです。あるとき図書館で旺文社の大学案内を手にしたら、たまたま「九州芸術工科大学」のページに行き当たり、そこに「音響設計学科」とある。頭の中で、何かがカチッと音を立てました。あ、これかもしれない……。あのときから今日に至る、といっても言い過ぎではありません。

芸工大は68年に設立された、当時一番新しい国立大の一期校（共通一次試験が導入される前の大学の入試区分。一期校には、旧帝国大学など名門校が多い）でした。ここしか行きたい大学はなかったので、二期校は受けない。私立も受けない。ですが、現役受験では、落っこちてしまいまして。浪人生活を余儀なくされてね。親に頼んで、京都で一年間独り暮らしをしたんです。なぜ京都かって？　住んでみたかったからです。大学は芸工大に行くと決めているので、この先一生、京都に住む機会はないだろうと。それなら、この浪人の時期を利用しようと思ったわけです。受験勉強をしながら、それなりに名所をまわりましたよ。

1972年、念願の九州芸術工科大学に進んだ。

だが、そこで受けた授業には正直がっかりした。ほとんどの授業が理数系、工学系で、クラシック音楽については満足できる授業がなかったからだ。

「〝芸術〟工科大学というのに、芸術に関して学ぶところがないじゃないか……」

要するに、音響をテクノロジーとして教えようとする先生が多かったのだ。音楽について学ばずに音響を学べるのか。これでは、ほかの大学の工学部とどう違うのか。豊田は悩んだ。大学でも、オーボエ奏者として学内のオーケストラの一員になったが、教授のなかには、オケを目の敵にしている人もいた。クラブ活動ばかりで授業に対して不真面目だというのだ。だが、授業に対する落胆から自分を救ってくれたのは、オケでの活動だった。

そのころから豊田は、海外の一流オーケストラの来日公演にもよく足を運ぶようになる。音響を学ぶためというよりも、クラシック音楽の生の演奏を聴きたい思いからだった。当時もいまも来日公演の会場の大半は東京と大阪で、福岡まで来ることは少ない。どうしても行きたい演奏会があれば、東京や大阪まで出かけるしかなかった。

ザンデルリンクの衝撃

73年秋には、東京に出かけた。そのころ、両親は東京に暮らしていた。公認会計士だった父親が公務員としての仕事を得て、広島の福山から東京に移り、官舎住まいをしていたのだ。とはいえ上京の目的は、名指揮者クルト・ザンデルリンク（1912〜2011）率いるシュターツカペレ・ドレスデン（歌劇場付きのオーケストラ）の演奏会に行くためだった。当時は東西冷戦のさなか、ドイツがまだ東西二つの国に分断されていた時代である。東ドイツ最高のオーケストラの一つで、楽団として初めての来日だった。

ザンデルリンクはドイツ・東プロイセン（現・ポーランド）で生まれ、ドイツで音楽を学んだ。母親がユダヤ人だったことから、ナチス・ドイツによって国籍を剝奪され、1935年にソ連に亡命。レニングラード（現・サンクトペテルブルク）フィルハーモニー管弦楽団や東ドイツ時代のベルリン交響楽団（現・ベルリン・コンツェルトハウス管弦楽団）などで活躍した。

学生時代、もちろんコンサートにはいろいろ行きましたが、残念ながら福岡にはそれほどいろんな演奏家は来なかった。両親のいる東京に行きがてら、演奏会目当てで上京しました。それが、ザンデルリンクとシュターツカペレ・ドレスデンだったわけです。

すごかったですね、本当にすごかった。

何がショックだったかといえば、バランスです。最初に演奏したワーグナーの楽劇「ニュルンベルクのマイスタージンガー」前奏曲。自分でも大学のオーケストラで演奏したことがある曲でした。曲の出だしは、トランペットがパーン、パーンパパーンと輝かしく鳴り響く。ところがドレスデンの音は全然バランスが違う。管楽器よりも弦楽器の音から聞こえてくるんですよ。鳥肌が立ちました。

もちろん、よく聴けばトランペットも聞こえる。でも本当に花を添えるだけ。全体としての出だしの音は弦楽器から出てくるんです。あれはショックでした。耳からのショック、バランスのショックとでもいうんですかね。それからはもうザンデルリンクとドレスデンの病みつきになって、ＬＰレコードを買いましたね。

自分も演奏したことのある「マイスタージンガー」。それがこれまで耳にしていたものと全く違う音のバランスで聞こえてくる。音響設計学を学んでいた学生の豊田にとって、その後の人生を決定づけるほど、鮮烈な体験だった。衝撃は、演奏会の後半も続いた。メインの曲として演奏されたのは、ブラームスの交響曲第1番。そこで際立っていたのは、同オケの首席ホルン奏者ペーター・ダムだった。オーケストラでオーボエを吹き、管楽器になじみ深いつもりの自分自身にも、ヴィブラートがかかったダムのホルンはこれまで聴いたこともないようなユニークな響きだった。「マイスタージンガー」でも存在感を示した厚みのある弦が響くなか、世界的なホルン奏者が弦との絶妙のバランスを取りながら、朗々とソロを聴かせる。驚きの魅力だった。

ザンデルリンクの指揮を直接受けたことのある日本人演奏家がいる。ヴァイオリニストの水島愛子だ。ドイツ・ミュンヘンのバイエルン放送交響楽団で、長年、第一ヴァイオリン奏者を務めた。ザンデルリンクがバイエルンに客演した際のリハーサルや演奏会のことを、彼女は今でもよく覚えている。

「すばらしい指揮者でしたよ。ロシアの作曲家ショスタコーヴィチの作品は特に得意だった。ブラームスやブルックナーなど、ドイツ・オーストリア系の曲もお手の物でした」

リハーサルでは、オーケストラの響きの土台となる低音の厚み、深みに特にこだわっていたという。

「両手の指先で四角形と丸形をつくって、四角いまっすぐな音ではなくて、丸い太い音で深く、と」

四角い音でなく丸い音を出せ。そんな指示に、オーケストラはどう反応するのだろう。

「それができるのが私たちプロのオーケストラなんです」と、水島は胸を張った。

ザンデルリンクは東西ドイツ分裂時代の1952年に東側にできたベルリン響の首席指揮者を60年から77年まで務め、その間、歴史の浅い同楽団をトップレベルのオーケストラに育てた「オーケストラビルダー」としても知られた。個々の奏者の音程やアンサンブル(合奏)を整え、管と弦、打楽器のバランスを取りながら、演奏の練度を上げていく。そんな訓練能力に長けた指揮者に捧げられる呼称である。巨匠(マエストロ)と呼ばれる大指揮者であっても、オーケストラを「つくり上げる人」(ビルダー)としては必ずしも優れていない場合もある。その両方を兼ね備えた、名指揮者のひとりだったのだ。

ザンデルリンクが来日公演でも取り上げたブラームスの交響曲第1番は、1971年の録音が残っている。ホルンのソロで有名な第4楽章では、弦の豊かな響きに管楽器の名手たちが音を合わせ、弦と管、打楽器が混然一体となった響き、交響楽の雰囲気を感じることができる。

東京での演奏会もやはり、相当な名演だったのだろう。当時、FM東京が録音していた演奏会のライヴ音源はその後、高音質のSACD(スーパーオーディオCD)として発売されている(現在は廃盤)。


【前半】

1973年10月18日、東京厚生年金会館で録音されたプログラムは、次の通りである。

ワーグナー「ニュルンベルクのマイスタージンガー」第1幕への前奏曲
ベートーヴェン「交響曲第8番」

【後半】
ブラームス「交響曲第1番」
アンコール　ウェーバー　歌劇「オベロン序曲」

優れたオーケストラと指揮者だけが実現できる、弦楽器と管楽器の絶妙な響きのバランス。その感動を学生時代の20歳で体験したことは、音響設計家としての豊田にとって、極めて重要な意味をもつ。それは彼が追い求める「音響とは何か」、という本質的な問いかけの核心であり続けている。

コンサートホールというのは、ステージ上に演奏者がいなかったら、ただの箱です。当然、何も聞こえない。では、どうやって音の響きを確かめるのか。自分で手をたたいて音響チェックっていうこともありますが、正直なところ、それで「音がいいか悪いか」というのはわかりません。つまり音の評価のためには、「音楽」が必要になる。前提として、必ずそこには音楽があるわけです。

となると、音響がいいか悪いかというのは、ステージ上のアンサンブルの質にもよる。最終的にはそれが、ホールの音響の評価にも影響してくるわけです。ホールの音響設計というと割と技術的なことだと思われがちなんですが、そこには音楽が介在している。そして生の音楽となると、これはもう予測不可能でミステリアスな、一期一会のことばかりになる。だからこそ、この仕事はおもしろいのです。

世の中には数字で語りたがる、聴きたがる人が多いんだよね。でも、少なくとも僕がやっていることはそうじゃない。もちろん数字も使いますが、それ以外の要素があまりにも多すぎる仕事なんですよ。

「いい音響」の秘密とは

「音楽」と「音響」について、豊田がよく引き合いに出す、こんな話がある。

チケットが二枚ある。一枚は、ウィーン・フィルの演奏会。だけど、演奏会場はどこかの学校の体育館で音響は非常に悪い。もう一枚の会場は、最高の音響で知られるウィーンの楽友協会ホール。ただ、演奏するのはアマチュアのあまりうまくないオーケストラ。あなたなら、どちらのチケットを買いますか？　演奏がよくないのに響きだけがいいということはあり得ないのです。

音響設計を仕事とする豊田なら、演奏家よりも音響のいいホール、楽友協会の方を選ぶのではないか。ところが、豊田の答えは迷うまでもなく、ウィーン・フィルの方だという。「こんなに不思議なことはないでしょう?」と微笑みながら、それが音楽なのだ、と彼の目は語っている。

ザンデルリンクが来日公演で演奏した会場は上野の東京文化会館、そして新宿にあった東京厚生年金会館である(2010年に閉鎖、解体)。前述のブラームスなどの録音は、厚生年金会館で行われたが、豊田自身は同じ内容のプログラムを東京文化会館で聴いた。クラシック音楽の演奏を主目的とする文化会館に対し、厚生年金会館は、クラシックも演奏される多目的ホールだった(ちなみに同ホールの1961年の開館公演は、昭和を代表する国民的俳優で歌手としても活躍した森繁久彌である)。

厚生年金会館での録音が残っていたのは、おそらく同公演をライヴ録音していたFM東京の事情なのだろう。多目的ホールである厚生年金会館での録音は、音響的な環境としては「どこかの学校の体育館」でのウィーン・フィル、にむしろ近いものだったかもしれない。けれども、それが感動を与え、のちにSACDとして発売されたのは、演奏された音楽そのものへの評価である。音楽あっての音響、という豊田の考え方は、あの日のザンデルリンクの演奏会から、現在に至るまで一貫している。

コンサート通いと大学でのオーケストラ活動に明け暮れた大学生活が終わりに近づき、

就職を考える時期になった。当時、音響設計学科で学んだ学生の就職先として人気だったのは、ソニー、パイオニア、松下電器（現・パナソニック）などのオーディオ（音響機器）メーカーだった。だが、豊田は別の道を探った。

就職について考えたときに、オーディオよりも生演奏の音がいいかなあ、演奏家のそばにいる仕事がいいんじゃないかなあ、と。そうすると、コンサートホール関係か、レコーディング（録音）のエンジニア。そのどちらかがいいと漠然と思っていました。コンサートホールの音響設計にかかわる就職先は当時、永田音響設計か、NHKが設立した放送技術全般にわたる日本で唯一の研究所、放送技術研究所（技研）くらいしかありませんでした。

豊田が書いた卒業論文の担当教授だった牧田康雄は、戦後まもなくNHKに入り、技研でホール音響にかかわっていた音響設計家である。当時は、NHKが戦後日本の音響技術をリードしていた時代に当たる。その技研の音響研究部長などを歴任し、東京・上野の東京文化会館や新橋の旧NHKホールの音響設計を担当した。永田音響設計の創設者、永田穂《みのる》も当時、技研に在籍しており、東京文化会館の建設では、音響設計のチーフだった牧田のもとで、騒音防止関係を担当した。永田が技研から独立して、自分で会社を立ち上げたのは1974年。豊田の入社は、設立から間もない77年のことだった。牧田にとってみれば、永田と豊田は、いずれも自分の弟子ということになる。豊田は、兄弟子に当たる永田のもとで、その後、大きなチャンスをつかむことになる。

立候補したプロジェクト

「理屈を言わずに、やってみなはれ」

ウイスキーやビールで知られるサントリーの社長、会長を務めた名物経営者佐治敬三（1919～99）の有名な格言である。上からの指示ではなく、現場の発想を生かし、採り入れる。大阪生まれの佐治ならではの言葉は、いまも尚、同社の社是である。

クラシック音楽専用ホール「サントリーホール」のプロジェクトが始まったのは1981年。佐治が新ホールの設計や音響に対して出した指示はたった一言、「ワールドクラスのコンサートホールを」だった。ステージの周りを、客席が360度取り囲むヴィンヤード（ぶどう畑）型か、伝統的な長方形のシューボックス（靴箱）型か。具体的な指示は一切ない。まさに「やってみなはれ」だった。

同ホールの音響設計の総責任者は、社長の永田自身が務めた。入社してまだ四年足らずの豊田は、永田のもとでホール音響の主担当としてプロジェクトの具体化を進めた。その後、日本と世界の各地でコンサートホールの設計にかかわる彼にとって、最初の大きなプロジェクトだった。

あのプロジェクトに関していうと、自分でやりたいと立候補しました。それまでは若手の担当はプロジェクトの順番に割り振られていたんですが、これはちょっとおもしろそうだと思ったのです。永田にすれば、若手が立候補するなんてことはあまりなかったから、おもしろい、やってみろといって担当させてくれた。やってみると、音響に関することはすべて自分の目の前を通った。たまたま大きいプロジェクトが何歳のころ、目の前に来るかというのは運としか言いようがない。

たまたま、といいながら、自分でつかみ取りにいった運でもあった。プロジェクトチームの一員として、まず、佐治からの依頼である「ワールドクラスのコンサートホール」とは何かを知るために、世界の主要なホールを視察した。ウィーン楽友協会、アムステルダムのコンセルトヘボウ。そして、ベルリン・フィルハーモニー。それを踏まえて、佐治自身も当時、ベルリン・フィルハーモニー管弦楽団の首席指揮者で「楽壇の帝王」と呼ばれたヘルベルト・フォン・カラヤン（1908〜89）を訪ね、意見を求めた。カラヤンのアドバイスは、ベルリンと同じ「ヴィンヤード型」にするべきだというものだった。そして、ステージの奥にはパイプオルガンを置くといい、と語った。こうして、「ワールドクラス」のホールは次第に具体化していった。サントリーホールのホームページには、日本で初めてのヴィンヤード型となった大ホールの音響について、次のような説明がある。

〈全2006席がぶどうの段々畑状にステージ（太陽）を向いているため、音楽の響きは太陽の光のようにすべての席に降り注ぎます。音響的にも視覚的にも演奏者と聴衆が一体となって互いに臨場感あふれる音楽体験を共有することができる形式です。側壁を三角錐とし、天井は内側に湾曲させ、客席のすみずみに理想的な反射音を伝える構造です。客席はブロック分けされていますが、その側壁も反射壁として有効に活用されています。壁面の内装材にはウイスキーの貯蔵樽に使われるホワイトオーク材を、そして、床や客席の椅子背板にはオーク（楢）材をと、ふんだんに木を使用し、暖かみのある響きを実現。音響的な効果とともに、視覚的にも落ち着いた雰囲気を醸し出しています〉

「これはスキャンダルだよ」

コンサートホールの音響設計家にとって、最も緊張するのは、開館最初の演奏会ではない。その数カ月前に行う、ホールの音響を確かめるための最初のリハーサルこそが重要だという。オーケストラの音はどう響くか。その響きは客席だけでなく、舞台で演奏する演奏家たちにどう聞こえているか。彼らにとって弾きやすいホールになっているか――。

演奏するオーケストラの団員にとっても、なじみのないホールで演奏するのは緊張の瞬間だ。まして、サントリーホールは、ほかのプロジェクトとは違う特別の意味合いがあった。クライアント（依頼主）が、役所ではなく、民間企業であること。東京のど真ん中にできた初めてのクラシック音楽専用ホールであること。そこで演奏する音楽家たちの意識も違う。いくつかのプロジェクトの一つではない。豊田を含め、音響設計にかかわった関係者の間では、絶対に失敗は許されないという意識が大きかった。

今でこそ、世界有数の音響を誇る名ホールとしての地位を確立したサントリーホールだが、完成当初のリハーサルでは、東京のオーケストラや指揮者からの苦情が相次いだ。実際、世界的に活躍する著名な日本人指揮者のひとりは、リハーサル時にこう言い放ったという。「これはスキャンダルだよ。音が聞こえないじゃない」

海外の著名オーケストラで活躍し、開館時の「試し弾き」に加わったあるヴァイオリニストも当時のことを鮮明に覚えている。

「オーケストラは、自分以外の楽器の音を聴きながら演奏する。でも、サントリーホールでは、ヴァイオリンのパートからは、コントラバスの音が聴こえないんですよ。演奏家としては、これまで弾いてきた東京文化会館の方がサントリーよりもよほど弾きやすいと思いました。ようやく慣れてきたのは数年後。その頃の来日公演では、コントラバスが聴こえるようになった。反響板を増やしたからとか、コンクリートが乾いてきたからじゃないか、と聞いた憶えがあります」

では、ホールはどんな改善をしたのだろうか。その前に当時の状況をもう少し振り返ってみよう。

サントリーホールができた当時、東京のオーケストラは、結構難儀したんですね。ステージの上で、ほかの奏者の音が聴きにくいというのです。実際、僕らスタッフが聴いてもいまひとつきれいな音ではないし、バランスも悪い。どうしたものだろう、どうすればいいのか……とひどく悩みました。理由がわからなくてね。

その後も、「音が聴こえません」「このホールの響きは良くない」と東京のオケの人々から低い評価を受けた。辛かったですね、針のムシロにいるような状態でした。ただ、とにかく救われたのは、サントリーホール側から「これは問題だから、どうにかしてくれ」とは言われなかったことです。彼らは冷静に、離陸の経過を見守ってくれました。

まだホール音響設計の経験が浅かった当時の豊田にとって、音楽家からの相次ぐ否定的な反応は、挫折と屈辱以外の何物でもなかった。そんななか、作曲家、音楽評論家として知られた諸井誠（1930〜2013）は、ホールの音響を開館当初から絶賛していた。

1986年、開館四日目の10月15日、井上道義指揮の新日本フィルハーモニー交響楽団と、尾高忠明指揮の東京フィルハーモニー交響楽団が一晩で登場する特殊な演奏会が開かれた。その際の音響について、諸井はこう語っている。

「全体にマイルドな響きと緩やかな動きで一貫したこの夜のプログラムでは、ホールの響

きの良さが、デリケートな部分でよく分かった」（日本経済新聞夕刊1986年10月24日付）

17日に演奏されたのは、若杉弘指揮、東京都交響楽団によるマーラーの大曲、交響曲第8番「千人の交響曲」。「感動的名演を展開し、新ホール全体を目一杯に響かせたが、独唱陣の聞こえは今一つ。配置に研究課題が残された」（同前）

音楽評論家で明治学院大学教授の岡部真一郎は、サントリーホール開館時の企画にかかわるなかで、当時の諸井のことをよく覚えている。「諸井さんは、内田光子さんによるモーツァルトのピアノ協奏曲の弾き振りなどの際、さまざまな場所の席に座って、場所による音響の違いを聴き比べていました。一階の平間より、壁際や二階の方がいいとかね。実際、ベルリン・フィルのゲネプロ（本番前の通しリハーサル）の際の指揮者の声が、一階席ではほとんど聞こえなかったのに、二階席では聞こえるといったこともありました。招待客が座る一階席中央よりも、皇室の方が座る二階のそでや中央の席の方が、いい音がするように思います」

サントリーホール時代の予見

開館から三カ月後、諸井はこう語っている。「東京の音楽ホールの歴史を戦前の日比谷公会堂時代、戦後の東京文化会館時代と大きく区切るなら、そのあとに必ずサントリーホール時代が来ると思います」（朝日新聞夕刊1987年1月14日付）

「このホールは、一階正面の席の、ステージからの直接音より、周囲の壁を伝わってくる音に味わいがあるんです。だから自分の部屋で、ヘッドホンつけて、オーディオで名曲を聴いているような人には不満なのじゃないかな。つまり、聴き方が問われるホールができた。この点でも画期的です」(同前)

演奏家や音楽家たちの異議申し立てが相次ぐなかで、諸井の高い評価は、豊田ら音響設計にかかわった者たちにとって救いだった。だが、諸井はサントリーホール顧問、サントリー音楽財団評議員にも就任しており、いわば関係者でもあった。当時、豊田自身、諸井の評価にはそうした身びいきもあるのではないか、ここまで評価してもらっていいのか、と半信半疑だった。

岡部は言う。「関係者としての応援という面も半分くらいはあったかもしれない。でももう半分については言えば、実際にホールのいろんなところで聴いて、音響の良さをしっかり認識していたということではないか」

開館から三十数年後の今、世界の主要オーケストラが来日公演でサントリーホールでの演奏を求める「サントリーホール時代」が実際にやってきたことを私たちは知っている。完成直後にその到来を予見した諸井の見立てについて、現在、異論を唱えるひとはいないだろう。

今ではは理由もわかるんです。こういうことなんです。初めてのホール。客席が360度舞台を囲んでいる。その空間で音を集めようとするから、演奏者はいつもより多少強く弾いてしまう。本人も気づかないレベルですが、オーケストラの皆がそうすると、全体の音のバランスが変わってしまう。するといつもの音が聞こえてこない。他人の音も聞こえない。自分の音も聞こえない。となると、ますますナーバス（神経質）になって強く弾こうとする。オケの八十人、九十人がみんな同じことをやるともう、音楽のバランスどころではなくなる。

音が聞こえないのであれば、弾き方を変えないといけないんです。他人の音に耳を澄ませながら、抑えて弾かないといけない。どうやったら聴こえるか。他人の音を聴くように弾くことで、響きが生まれる。それが、そのホールの音響になるのです。

実際三、四年経つと、サントリーホールで演奏される東京のオーケストラの音が格段にきれいになっていくんですね。知り合いの団員たちに聞いてみると、「いやあ、サントリーホールができあがったときはね、とにかくステージの音がなかなか聴こえなくて参ったよ。でも最近はよく聴こえるようになった。音響を改修したんだね、それからよくなったよ」と言われる。でも、僕らはなにも改修していない（笑）。むしろ、そんなに簡単に改善できるなら、していたくらいです。

では、先述のヴァイオリニストはなぜ「反響板を増やした」と誤解したのだろうか。サントリーホールができるまで、東京のオーケストラが演奏会の主会場として使っていたのは、東京文化会館（1961年）だった。東京文化会館は、ステージ上の天井が低く、サントリーホールとは音響がかなり異なる。サントリーホールができるまでの二十数年間、文化会館で弾くことに慣れていた多くの音楽家にとって、文化会館のステージが音響の「基準」になっていたのだ。文化会館では弾きやすいが、サントリーでは弾きにくい――そんな認識になってしまう。

前述の朝日新聞の記事でも、ヴィンヤード型のサントリーホールの音響について、こんな記述がある。

「音響面での〝弱み〟は、演奏者がホールの中央にいて、従来なら反射音を受け持っていた側壁がすぐそばにないこと。（中略）サントリーホールが『残響時間が長く余裕があるが、響きが軽い』との印象を語る人がいるのはそのためだ」

コンサートホールと演奏者の関係

オーケストラは何十人もの人たちでアンサンブルをつくる。そのためにはまず、お互いの音が聞こえることが前提になる。ただ、どのように弾くと聞こえるかという点について、豊田によれば、音響の物理的な問題だけではなく奏者の経験、もっといえば慣れの問題でもあるという。

日本のオーケストラが海外公演でウィーンの楽友協会に行くと、いつも弾いているホールと響きが違うから弾きにくい。「どうやって周りの音を聴いていいかわからない」「隣にいる人の音の聴こえ方が違う」という感想が生まれる。そういう状態になると、皆が疑心暗鬼になるのでアンサンブルもきれいになりません。

「えっ、これがウィーンの有名なホールの音なの？」と思ったとしても、楽友協会のホールでは、さすがにだれも「音響が悪い」なんて言えない。だから、自らの感覚を研ぎ澄ましてホールに合わせていくものなんですね。サントリーホールの発足時は当然それがない。「音響が悪い」というストレートな意見になりました。

そのなかで、幸運だったのは、海外のオーケストラが次々とサントリーホールに来てくれたことです。ベルリン・フィル、ウィーン・フィルなど、海外のいいオケがどんどん演奏しに来ました。結果は、聴き手も弾き手も評価は文句なく上々だった。海外のスーパーオーケストラというのはいろんな国に出かけてツアー公演をする。だから、どうすれば行く先々のホールの音響の特色を早くつかめるか、ということを体験的によく知っているんですね。そういう著名なオーケストラのリハーサルを聴いていると、いいオケほどリハーサル中に音がどんどん変わっていきます。そんな技術的なことも含めて、いろんな才能に長けているということがスーパーオーケストラの要因の一つでもあるのでしょう。東京のオーケストラにとっては慣れるための時間が必要だっただけなんです。最低でも三年、四年はかかっていると思います。

コンサートホールと演奏者の関係は、かくも微妙で難しい。優れた演奏家、オーケストラだからといって、慣れないホールで即その音響特性を最大限に活かした演奏ができるとは限らない。それは、世界を代表するベルリン・フィルにとっても例外ではない。東京の主要オーケストラがサントリーホールの音響に慣れるのに時間がかかったように、名指揮者カラヤンとベルリン・フィルですら、本拠地ベルリン・フィルハーモニーの音響を会得するには相当の時間がかかったといわれる。史実とともに遡ろう。

名指揮者ヴィルヘルム・フルトヴェングラー（1886〜1954）に率いられたベルリン・フィルは第二次世界大戦前には、ウィーン楽友協会などと同じ長方形のシューボックス型のホール（旧フィルハーモニー）を本拠地にしていたが、1944年に連合国軍の空爆で破壊。カラヤンは、フルトヴェングラーが急逝した翌年の55年、後継者に就任した。そのカラヤン時代初期の61年、ベルリンは壁によって東西に分断され、冷戦の象徴となる。新たなフィルハーモニーは、壁のそばの西側ポツダム広場近くに63年に完成した。

実用的なコンピューターのない時代に、建築家ハンス・シャロウン（1893〜1972）の設計でつくられたホールは、従来のシューボックス型ホールとは、全く異なり、ステージを客席がぶどう畑のように囲むヴィンヤード型。当時としてはまさに革命的な構造を持つホールだった。ベルリン・フィルとホールの特徴的な音響について豊田は学生時代からのレコード収集、そしてベルリン・フィルハーモニーやサントリーホールでの実際の演奏などを通じて意識的に追っていた。

高校のころ、カラヤンが率いるベルリン・フィル（の録音）はあまり好きではありませんでした。どちらかというと嫌いな方で、フルトヴェングラー時代のベルリン・フィルばかり聴いていました。高校のころ、毎月小遣いでレコードを一枚買っていましたが、ほとんどフルトヴェングラー。カラヤンのことは毛嫌いしていたんですね、どうしても好きになれない（笑）。

ですが、後でいろいろとわかってきました。１９７０年代の当時は、ベルリン・フィルハーモニーができてまだ数年。カラヤンもオケのメンバーも、この新しいホールの音響をどう克服していくか、いろいろもがいていた時期だったわけです。

それからしばらくして、カラヤン・ベルリン・フィルの音がだんだん変わっていく。どんどん魅力的になっていく。そのおかげではっきりとわかりました。ホールの音響やオケとホールの相性について、鍵を握っているのはやはり指揮者である、と。指揮者が最も重要なポジションを占めているのだと。カラヤンは、オーケストラをどのように響かせるかというバランス感覚において、文句なく天才でした。特に亡くなる前年、88年のサントリーホールでの最後の演奏会、それはかつてベルリン・フィルハーモニーができたころの暗中模索のイメージとはまったく対極にある、圧倒的な存在感でした。

今でこそ、20世紀を代表するコンサートホールとして知られるベルリン・フィルハーモニー。だが、完成当初は半ば揶揄《やゆ》を込めて「カラヤン・サーカス」とも呼ばれた。巨匠カラヤンとベルリン・フィルですら、本拠地のホールを「見世物小屋」から自分たちにとってふさわしい「楽器」にするまでには、長い時間と経験が必要だったのである。

それをどうやって実現させたのか。カラヤンの指揮に直に接したヴァイオリン奏者から、興味深い話を聞いたことがある。リハーサルの際、カラヤンが常に意識していたのが、オーケストラの音響のバランスだったという。

〈Das Hören ist alles.〉（聴くことがすべてなのだ）

〈Hören Sie, bevor Sie spielen, was Andesre spielen.〉（弾く前に聴け）

では、カラヤンは、「弾く」前に何を「聴け」と言ったのか。それは、その瞬間に自分以外のパートの奏者が奏でる音、音楽がホールの空間を通じてどう跳ね返ってくるか、に耳を澄ませよ、ということであろう。それをしっかりと聴けるようになって、自分が奏でる音のリズム、音量や音色が初めてわかってくる、と言いたかったに違いない。

演奏会では、求道者のように目を閉じたまま指揮を続け、圧倒的な統率力で団員を率いたカラヤン。その彼が、リハーサルの場では、音楽そのものだけでなく、音響のバランスについて口酸っぱく語っていたというエピソードは、興味深い。

ホールのエイジング効果

東京に、ベルリンと同じヴィンヤード型のホールをつくる上で決定的な影響を及ぼしたカラヤンは、1986年のサントリーホール開幕に合わせてベルリン・フィルとの来日公演を予定していたが、病気のため、自身の来日を直前にキャンセルした。急遽、代役として指揮を執ったのはカラヤンの弟子、小澤征爾である。開幕直後の10月28～30日に行われた来日演奏会のプログラムは、最初の二日間が、ベートーヴェンの交響曲第4番とブラームスの交響曲第1番、そして最終日は、シューベルトの交響曲第7番「未完成」とリヒャルト・シュトラウスの交響詩「英雄の生涯」という組み合わせだった。

カラヤンは約一年半後の88年5月、最後となった来日公演でベルリン・フィルを率いて二晩、同ホールのステージに立った。最終日5日に演奏したのは、モーツァルトの交響曲第39番とブラームスの交響曲第1番。公演後、「響きの良さに感動した。まるで音の宝石箱のようだ」と感想を述べ、初代館長の佐治敬三にメッセージを贈った。

〈1988年5月、私は大いなる喜びをもって、この美しいサントリーホールで演奏いたしました。このホールは多くの点で、私の愛するホール、ベルリン・フィルハーモニーを思い起こさせました。ぜひ、再びこの水準の高いホールに来たいものだと思っています。

わが友、佐治敬三氏に心より深く感謝いたします。氏はこの建物によって、日本の、そして、世界の音楽生活に大きな貢献をいたしました。心をこめて。――ヘルベルト・フォン・カラヤン〉

サントリーホールに対する海外の演奏家の評価は当初から高かったのですが、その後、さらに上がっていきました。演奏者とじかに接するとわかるんです。コンサートが終わった直後というのは、高揚しているのでたいてい盛り上がるものですが、「このホール、音響が悪いな」と思ったら、社交辞令すら言わないものです。

新ホールの建設を控えているロンドン交響楽団やミュンヘン・フィルなどが、団員たちにアンケートをとるなかには「一番好きなホールは?」という質問があります。サントリーホールはそのなかに必ず入ってくる。自分たちの本拠地をつくるためのアンケートでおべんちゃら（口先だけのお世辞）を使う人はいませんよね（笑）。そういうアンケートを見ると、サントリーホールが演奏家のあいだでかなり人気のあることがわかります。最近は、ますます評価が上がっている気がします。ピアニストのクリスチャン・ツィメルマンは、「世界でもっとも素晴らしいホール」とはっきりと言う。ピアニストの内田光子さんも、サントリーホールは「育ってきている」「よくなってきている」という言い方をする。彼女もおべんちゃらは言わない人ですから、嬉しいし、ありがたいですね。

楽器には、エイジング（経年変化による熟成）効果があるといわれる。いい奏者が使い込み、時が経つことで、音が洗練されてくるのである。コンサートホールもそれとよく似た現象があるのではないだろうか。いい奏者が弾き込むことで、響きの豊かさが増していくのではないか——。弾けば弾くほど、ホールは鳴る。そしてその響きが、新たないい演奏を生む。だが、それを数値で証明できるかといえば不可能である。楽器のエイジング効果が証明できないように。でも、豊田ははっきりと言う。「ホールにも、エイジング効果はある」、と。コンクリート製のコンサートホールをまるで変化する生き物のように語るのである。

サントリーホールは三十周年を機に大がかりなメンテナンスが実施され、約六カ月間休館した。しかしそれは、音響に関してではない。バリアフリーへの対応やトイレの数など施設面に関するものだった。音響については「変えないでください」というのがホール側からのリクエストだったという。客席の椅子を改装するにあたっても、音響に影響を与えないことが最優先された。開館当時に使われていたオーストリア製の生地は同じものが入手不可能なため、日本製でつくり直された。ホール完成から三十余年の年月を経て、名実ともに日本、いや世界を代表するコンサートホールの一つになったサントリーホール。若き豊田がそこで体験した「挫折」は、その後のホールづくりに大きな影響を与えた。それは、ホールの音響を演奏者との関係性のなかで考えることの大切さだ。演奏者とのコミュニケーションを密にする豊田流の仕事のスタイル、それがここから生まれていく。サントリーホールでの経験があってこそのやり方なのだろう。

「やってみなはれ」で知られる佐治には、こんな名言もある。

「人間はどん底がいくつ来るかわからない。そのどん底に絶対、対応しなければならない。どん底を経験すると、はじめて人間は強くなるのではないか」

ある意味で「どん底」を体験した豊田は、その後、札幌コンサートホールKitara（1997年）、ミューザ川崎シンフォニーホール（2004年）などサントリーホールと音響の良さを競う日本の新ホールづくりに乗り出す。

そのような日々のさなかに、ロサンゼルス・フィルハーモニックの新本拠地に新たなコンサートホールをつくるプロジェクトが持ち上がっていた。建築の設計を担当するのは、フランク・ゲーリー。スペイン・ビルバオのグッゲンハイム美術館などで知られる、カナダ出身の世界的な建築家だ。豊田にとって、海外に羽ばたく、またとないチャンスが訪れた。

第2章

ふたりのマエストロとの出会い

彼と仕事をするのは楽しいんだ。ばかげた楽しさではなくて、創造的な楽しさなんだ。そこには互いに尊敬がある。

――フランク・ゲーリー（建築家）

彼が設計した札幌のキタラホールは、音響のいい日本のコンサートホールの中でも最大の発見だった。まさに魔法の音響効果だった。

――ワレリー・ゲルギエフ（指揮者）

「おまえとだけプロジェクトをしたい」

コンサートホールの音響設計家にとって最も重要な才能は何だろうか。音、響きに対する極めて鋭敏かつ繊細な感覚と、そうした響きをつくりだす技術的な力量が問われるのはいうまでもない。一方で、長年、豊田の仕事ぶりをみて思うのは、そうした才能に加えて、ともに仕事をする相手に食い込む力、あるいはその相手を動かす力が極めて重要なのではないかということだ。相手といってもただの人ではない。世界に名だたる建築家、指揮者、いわゆる「マエストロ（巨匠）」と呼ばれる人たちである。音響の優れたホールをつくるには、まず建築家が豊田の考えを取り入れる必要がある。そして、そのホールの優れた音響を引き出せる指揮者とオーケストラが必要になる。そうした巨匠たちとの深い信頼関係なしには、豊田の仕事は「完成」しないのである。

多くの巨匠たちと仕事を重ねてきた豊田だが、建築家ではフランク・ゲーリー、指揮者ではワレリー・ゲルギエフとの付き合いが特別に長く、深い。その関係はもはや仕事を超えたものになっている。ロサンゼルスにオフィスを持つゲーリーとは、ともに設計したウォルト・ディズニー・コンサートホールの演奏会で頻繁に顔を合わせ、家族ぐるみで付き合う。その二人三脚はのちに、別のプロジェクトでも実現することになる。

ゲルギエフの来日公演があれば、豊田は可能なかぎり日程を調節して、本拠地のロサンゼルスから一時帰国し、全日程をつきっきりで同行する。リハーサルに立ち会い、たとえ自分が設計していないホールでも、オーケストラの音響のバランスについてアドバイスすることも珍しくない。ゲルギエフは言う。「俺たちの関係は契約に基づくものではなく、人間としてのものなんだ。紙に書かれたものじゃない」

世界的な建築家ゲーリーをして、「おまえとだけプロジェクトをしたい」と言わせる関係をどう築いてきたのか。巨匠指揮者がなぜそこまで豊田に惚れ込むのか。この章では、豊田の音響設計に欠かせない建築家、指揮者との関係について触れていく。

東京で初のクラシック音楽専用ホールとして1986年に開館したサントリーホール。そこの音響設計に主担当としてかかわった豊田が海外で最初に手がけた大きなプロジェクトは、ロサンゼルス・フィルの新本拠地となるウォルト・ディズニー・コンサートホールだった。ミッキーマウスのキャラクターやディズニーランドで知られるウォルト・ディズニー（1901〜66）の妻リリアンが、サントリーホールができた翌年の1987年に、ロサンゼルスの文化振興を目的に夫の遺産でホールの建設を求めたことで動き出したプロジェクトである。民間資金を活用したプロジェクトで、その核になるのは、彼女が拠出する5000万ドルの寄付だった。「ディズニー」の名前が付くものの、完成後はロサンゼルス郡の施設になる。

豊田とプロジェクトを結びつけたのは、世界的なピアニスト、クリスチャン・ツィメルマンだった。サントリーホールを「世界一の音響」と激賞するツィメルマンがロサンゼルス・フィルの支配人を長年務めたアーネスト・フライシュマン（1924〜2010）に同ホールを「ベルリン型の新しいホールだ」と推薦した。フライシュマンは「ツィメルマンの言うことなら信用できる」と建設委員会のメンバーらとサントリーホールを訪ねたうえで、音響設計の第一候補として、豊田に白羽の矢を立てたのである。

フランク・ゲーリーとの仕事は、ウォルト・ディズニー・コンサートホールが最初でした。それまでは全然知らなかった。ゲーリーは、スペイン・ビルバオのグッゲンハイム美術館ができてからビッグネームになったのですが、当時は今ほど有名ではありませんでした。新ホールの建築委員会はちょっと変わっていて、建築家と音響設計を選ぶコンペを別々にやる。先に建築家を選んだ後、その建築家が音響設計者を選ぶコンペに参加する、というものでした。ホールの設計においては建築と音響のチームワークや相性が大事だから、音響設計者の選定にあたっては建築家にも責任を持たせる、ということです。

フライシュマンは、新ホールの参考にするため、まだ準備段階だった1989年2月、永田音響設計の当時の社長、永田穂と豊田、ゲーリーの三人をベルリンに招いた。ロサンゼルス・フィルがベルリン・フィルハーモニーのようなヴィンヤード型のホールを好んでおり、新ホールにどううまく取り込めるかを調べるためだった。豊田はベルリン・フィルのコンサートを聴き、ゲーリーと食事をともにしながら、打ち合わせを進めた。当時のことは、永田音響設計のニュース・レター（1989年3月）で次のように書かれている。

〈2月20日発、24日帰着という強行スケジュールでベルリンへ行った。用件はロサンゼルスフィルのフライシュマン氏の斡旋で建築家のゲーリー氏と会うこと、彼らのお気に入りのベルリン・フィルハーモニーホールの音と建築を確認することであった。（中略）大ホールで二晩オーケストラを聴いた。23日はズービン・メータ指揮のベルリン・フィルの演奏であった。サントリーホールの兄貴格のこのホールでのベルリン・フィルの演奏には大きな期待があった。しかし一瞬わが耳を疑うほど、あのベルリン・フィルの神業ともいえる緻密なアンサンブルは響いてこなかったのである。こんなことがあってもよいのだろうか？　このホールは昨年、天井の一部が落ちたとのことで、全面にネットが張りめぐらされていた。響きの粗さはまさかこのネットのせいとはいえまい。演奏である。

たまたま今回の打ち合わせに、このホールの音響設計者である元ベルリン工科大学のクレマー教授が出席された。ゲッチンゲン大学の故マイヤー教授、ドレスデン工科大学の故ライハルド教授と共に戦後の建築音響を理論面だけでなくホールの設計の面においても大きく推進された大御所である。引退はされたが、まだまだ論文を発表されておられる。このホールとともにいつまでもドイツを代表する顔であることを願っている〉

ベルリンで聴いた響きの粗さについて、ホールのせいではない、と看破している。かなりストレートな批判といっていいだろう。当時のベルリン・フィルはカラヤン時代の末期。団員の人選や楽団の運営をめぐる確執のなかでオーケストラの質が低下していたころだった、と豊田はみる。それは自他ともに世界一を任ずるベルリン・フィルですら、時にアンサンブルが崩れること、そうすると、いかに名ホールであっても、名演奏にはならないことをまざまざと実感させる出来事であった。豊田の訪問から2カ月後の4月、カラヤンは「ベルリン・フィルの首席指揮者のポストを辞任。7月に死去する。そして11月には「ベルリンの壁」が崩壊し、冷戦が終結に向かう。クラシック音楽にとどまらず、まさに激動の時期だった。

ゲーリーとのハラキリ

ふたりが出会って数カ月後の同年5月、ウォルト・ディズニー・コンサートホールのプロジェクトは正式に動き出した。豊田が音響を、そして、ゲーリーが建築を担当することになった。スペイン・ビルバオのグッゲンハイム美術館と同様、同ホールも複雑な曲面で構成され、街のなかでひときわ目立つモニュメンタル（記念碑的）な建物である。その設計は、ホール内部が先だったという。

ホールの音響は、ホールの形と材質で全部決まる。それは建築家の分野です。そしてそこから出てくる音響は、我々、音響設計家が責任を負うことになる。時には建築家と意見が異なってぶつかることもある。奇抜な外観を見て、多くの人は、内部のデザインも大変だったでしょうと聞くのですが、大変だったという記憶はありません。ゲーリーは「コンサートホールだから、まずは音響が重要だ」と考えて、内部のデザインが進むまで、外観のデザインはしませんでした。そこで、私の意見、考えを徹底的に聞いてくれた。「おまえの言うことは全部聞いたよね。だからいい結果が出るよね」と。音響面で妥協していないので、私も反論ができない。ゲーリーは音楽に対する造詣がものすごく深いので、ホール内部の機能がいかに重要かということを理解した上で、内部と外観を設計したのです。

カナダ・トロントで1929年、ユダヤ系の両親のもとに生まれたゲーリーは、ヴァイオリンを学んでいた母から芸術的な影響を受けたという。筆者とのインタビューで、幼少期のことをこう語っている。

「母が私にしてくれたのは、演奏会と美術館という二つの場所に連れて行くことでした。グレン・グールド（トロント出身の伝説的な名ピアニスト）の演奏会にもよく行ったものです」

そして、若き建築家として米西海岸で活動を始めた1950年代、アジア文化の影響を色濃く受けていたロサンゼルスで、「日本の寺社建築、特に桂離宮や伊勢神宮、清水寺などに大きな影響を受けた」という。（2019年2月、ベルリンでの筆者とのインタビュー。以下の引用もその際のものである）

ウォルト・ディズニー・コンサートホールのプロジェクトが動き出したころのゲーリーとのやりとりを豊田は、こう振り返る。

彼には、どこまでジョークなのか本気なのかわからない、それを楽しむようなところがある。ホールの設計が進んでいったあるとき、ちょっと心配になったのか、こう言うのです。「うまく行かなかったら、共同責任だから一緒にハラキリ（切腹）をしよう」と。ふつうなら、音響が悪かったら、おまえのせいだとなるのに、ゲーリーは、一緒にハラキリしようと言うのです。建築家が、音響について音響設計家と共同責任だということはあまりない。

冗談か本気か、こちらがよくわからず、戸惑っているのを見るのが好きで、人を困らせて楽しむようなところがあるのです。ハラキリしようと言ったあとで、「やるなら、おまえが先にハラキリをしてくれ。おれはやり方を知らないから、おまえが見せてくれないといけない」と。どう切り返したらいいのか。このときだけはこう言い返したのです。それは違う。私が先に切ったら、だれも教える人がいなくなる。僕が教えてあげるから、先に切った方がいい、とね。もちろん、笑っていましたよ。

建築の分野の人間なら、大御所のゲーリーに反発したり、意見したりすることなど、ほぼ不可能だろう。でも、音響にかかわる豊田は違う。クラシック音楽を好むゲーリーが、自ら設計するホールの音響を最善のものにするためには、その分野で深い知識と経験を持つ豊田から、あらゆることを吸収して建築上の設計に反映していく必要がある。豊田は、そのやりとりに応えるだけでなく、巨匠に対して、多くの人なら、笑って合わせるだけのきわどいジョークにも、鋭く切り返してみせた。そんな豊田とのやりとりを、ゲーリーは、この上ない「創造的な楽しみ」と感じた。そして、豊田との共同作業としてホールづくりを進めるなかで、その結果次第では、ともに「ハラキリ」をしてもいいと思うまでの信頼関係を築いていったのである。

ウォルト・ディズニー・コンサートホールは、ステージの周りを客席が360度囲むヴィンヤード型である。ステージ後方のパイプオルガンには、金属のほか、木による管も使われており、ねじれたように広がる巨大な木管は、パイプオルガンの楽器の一部であるとともに、ホールのデザインを特徴づけるものにもなっている。

ホールの建設当時、ロサンゼルス・フィルの音楽監督だった指揮者エサ＝ペッカ・サロネンは、まだオーケストラが乗るステージができる前の段階で、ゲーリーに呼ばれたときのことを覚えている。

「私を呼んで、ホールで何か聴くことはできないかな、と言うのです。ステージはまだできていませんでしたが、彼は何か（音楽を）聴いてみたかったのでしょう。私は、ロサンゼルス・フィルのコンサートマスター（第一ヴァイオリンの首席奏者）を呼んで、『ちょっと来て何か弾いてくれないか。フランク（ゲーリー）と僕が聴くから』と伝えました。ステージ部分はまだ大きな穴といった感じです。フランクと私はバルコニー席の最上部に座って、そこで彼が演奏するバッハのパルティータを聴いたのです。ステージがまだないのに、音は空間のなかで美しく浮かび上がってきました。この時点で、私は、これは自分たちを支えてくれる楽器になるだろうと思いました。同時に、私たちにとって、試練にもなるだろうと。音響が非常にクリアなので、もし完全かそれに近い演奏なら、すばらしいものになる。隠すことができない以上、演奏は非常に良いものでなければならないということです。すべてが透き通るように明瞭なのですから」

「そして最初のリハーサルは本当にセンセーショナルなものでした。ロサンゼルス・フィルは長い間、音響的には平凡な環境で演奏してきました。自分たちの演奏している音がよく聞こえない状況から、突然、自分たちの奏でる音の美しさが聞こえる状況になったのです。40代のベテランのコントラバス奏者が、最初のリハーサルの後、私にこう言ったのです。『自分の弾くピチカート（弦を指でつまんで演奏する奏法）の音が、人生で初めて聞こえたよ。とても美しい音として聞こえた』と。そう話すと、彼は涙を流したのです。私自身も思いました。『ここから発展させていくのはとてもいいことだ。だれもがあらゆる面でとてもハッピーなんだから』とね」（2019年10月、ロサンゼルスでの筆者とのインタビュー。以下の引用もその際のものである）

建築家との共同作業では、独創的なデザインにこだわる建築家に、豊田が音響面での重要性を説き、音響の条件を満たす形に直していく作業になることが多い。両者の間には、時に対立や妥協が生じる。音響面の責任は、音響設計家にあるのであって、建築家はその責を負わないのがふつうだろう。

ところが、クラシック音楽好きのゲーリーの場合には、自分自身、まず音響をどうするかを非常に重視したうえで、建築のデザインを進めていく。音響をよくするために、豊田の意見を最大限取り入れる。だからこそ、建築面だけでなく、コンサートホールとしての成功について、「一緒にハラキリしよう」となる。その方向性は、豊田と完全に一致しているといっていい。このような建築家と音響設計家の関係は簡単に築けるものではない、だからこそ、「ホールをつくるなら、ただひとりの音響設計家」、つまり豊田とやりたい、となるのである。

フィルハーモニー・ド・パリの音響秘話

大型プロジェクトのコンペでは、コンペに申請する段階で、建築家と音響コンサルタント（設計家または設計業者）があらかじめコンビを組んで応募するものもある。そんなとき、ゲーリーはまず豊田との関係を重視する。2015年に完成したパリ管弦楽団の本拠地フィルハーモニー・ド・パリの建設プロジェクトでは、そのために、豊田はほかの世界的な建築家たちとの板挟みになった。豊田とのロングインタビューでお届けしよう。

パリのプロジェクトも公的な施設だから、設計チームを選ぶためには、コンペをやらなければいけない。パリでは、建築家と音響コンサルタントを別々には選ばないというプログラムでした。二段階のコンペで構成されていて、一段階目は誰でも参加・応募できる。これはやはり欧州連合（EU）加盟国として、透明性を確保するために重要な規定なのです。一段階目は九十八社の応募があって、みんなそれぞれ音響や劇場のコンサルタントとチームをつくる。建築家は星の数ほどいるけれど、音響の方はそんなにいない。だからふつうは、その段階では、音響コンサルタントが建築家ひとりとだけ独占的にやるというのは、ありえない。音響コンサルタントは例えば建築家三人の事務所から声がかかると、その三社各々と個別に協力してもいいということになる。パリのホールのコンペだとあまりにも有名だから、有名な建築家はみんな応募したい。だから私のところには、九社からオファーが来たのです。

——ゲーリーのほかには、どんな建築家たちから声がかかったのですか。

ジャン・ヌーヴェル（最終的に同プロジェクトを担当）、レンゾ・ピアノ（関西空港ターミナルなど）、ザハ・ハディド（東京五輪会場の当初案）なんていう世界的な大物建築家ばかりでした。そしたら、フランク・ゲーリーから、自分のところとだけやってほしいと言われたのです。つまり独占的な関係で、ほかのところは断ってほしいという依頼が来たのです。ロサンゼルスで一緒にやったウォルト・ディズニー・コンサートホールが完成した直後だったし、ゲーリーは大切な仕事相手。だから、うちの社内で散々議論して結局、その申し出を受け入れることにしました。つまり、ほかは断って、ゲーリーとだけ協力することに決めたのです。ヌーヴェルとピアノからは直接電話がかかってきて、「なぜ自分のところとやってくれないのか、なぜゲーリーとしかやらないのか」と言われた。「ごめんなさい、これしか方法がなくて。そんなたくさんの人たちと一度にはできないから」と答えたのです。散々文句言われたけど、彼らもなんとか受け入れてくれた。

——それで、第一段階の審査の結果は？

ところが、コンペの一段階目でゲーリーが落ちてしまったのです。ヌーヴェルは、一段階目で私を諦めて、ニュージーランドのマーシャル・デイ社（Marshall Day Acoustics）を音響コンサルタントとしてチームを組んでコンペに臨みました。それでヌーヴェルは第二段階に進んだ。僕はその時点で諦めていたのですよ。初めに一緒に組んでいないのだから。でも第一段階のコンペ結果の発表の日に、ヌーヴェルから直接電話がかかってきて、やはり一緒にチームを組みたいと。「マーシャル・デイはオフィシャルな（公式の）音響コンサルタントとして、あなたには私（ヌーヴェル）の個人的な音響コンサルタントとして参加してほしい」と言われた。最初はそんなややこしいことができるのかと思ったけど、あれだけの大物から誘いが来て、二度も断ることはできない。二度目を受け入れて一緒に参加してもコンペだから最終的に勝つかどうかはわからない。二段階目は、六社くらい残っていた。だから言ってみれば6分の1。断って気を悪くされるよりも、一緒にやる方が良い。だから目をつぶって、「一緒にやりましょうと、お手伝いします」と。そしたら、これが通過してしまった。

――相手のコンサルタントにすれば、気持ちのいい話ではなさそうですね。

それでまあ、めんどうなことになった。ニュージーランドのコンサルタントを僕はよく知っているから、彼にしてみれば第一段階で協力依頼があって自分がコンペに勝ったと思ったら、次の段階で別のコンサルタントである私が出てきた。良い気がしないわけですよ。だから、そのコンペで勝ったときに、ヌーヴェルのオフィスで両方集まったものの、ほとんど口をきかない状態でした。でもヌーヴェルは本当なら、初めからうちにやってほしかった。うちにはバックアップでもなんでもいいから、やってほしいと。私の方は、まさか最後まで勝つとは思っていなかったが、こっちも受けてしまった。それからが大変でした。

ヌーヴェルには、ふたりのコンサルタントが協働でやることはできない、だから同じテーブルには座らせないでほしいと頼んだ。要するに、「うちはうちでアドバイスする、彼は彼でアドバイスをする。どっちを採用するかはあなたの責任だ」と言ったら、「わかった。それでやる」ということでプロジェクトが始まった。

僕もびっくりしたんだけど、お互い興味をもっている分野が違っていた。例えば、うちがその部屋の形状、細かいところが全部気になると言うと、彼の方はあまり細かいところは興味なくて、全体の大きなところに興味があった。つまり90％くらいは棲み分けができた。

彼らが興味もっているものと、こちらが興味もっているものが違う。こっちは、ぁあ、あいつは、わかっていないと思うし、向こうもそう思っているかもしれない。

最終的に、同ホールの音響設計者として、マーシャル・デイ社と豊田の所属する永田音響設計の二社の名が刻まれた。ゲーリーといえども、あらゆるコンペで全戦全勝できるわけではない。それでも、ゲーリーとのホールづくりは、その後、米フロリダ州のニューワールド・シンフォニー（マイアミ・ビーチ、2011年）、ピエール・ブーレーズ・ザール（ベルリン、2017年）などにつながっていく。

ゲーリーは、豊田のどんなところに惹き付けられているのだろうか。筆者のインタビューで、「ほかの音響設計家との違いはありますか」と聞くと、ゲーリーは即座にこう答えた。「もう、ずっと長いことヤスとしか仕事をしてきていないからね！」

その上で、こう語った。

「なぜかって、まずお互い、一緒に仕事をすることが楽しくて仕方がない。単にばかげた楽しさ（just silly fun）ではなくて、創造的な楽しさ（productive fun）なんだ。そこには互いに尊敬がある。彼は実験的なことに前向きで、何か試してみようとするんだよ。私がたくさんの質問をするからね。最初のうちは納得していなくても、試してみて、それがうまくいけば、『これでいい』と言ってくれるんだ」

「私の関心は、（コンサートホールの）室内、空間を人間的なものにすることです。そうすることによって、人々はそこにいることが心地よくなり、オーケストラとの関係を感じ取ることができるようになる。音響はその体験の大切な部分です。もしうまくいかなければ、ものすごくがっかりすることになる。彼が自分とだけ仕事をしてくれればいいかって？　もちろん、そのとおりだよ」

語学ではない言語感覚

ゲーリーのジョークに当意即妙に応じた豊田の英語力についても触れておきたい。広島県福山市で生まれ、九州芸術工科大（現・九州大）に進んだ豊田には、学生時代の留学経験はない。英会話を本格的に学んだのは、永田音響設計に就職してからだった。当時の社長永田穂が、今後、英語が重要になる、といって週一回、外国人講師を呼んで社員向けに英語のレッスンを始めたのだ。豊田がまだ30代のころである。

永田は、機会を平等に与える、あとはできるやつだけがやれ、というタイプでした。会社として、音響についての学会での発表や海外でのプロジェクトを進めるには、英語が話せる社員を急いで育てる必要があったのです。選ばれたのは私を含む三人。必要な費用は会社でバックアップしてくれました。

当時は、サントリーホールの音響について、来日した演奏家、指揮者らが高い評価を下す一方で、国内の演奏家たちがまだ批判的に見ていた時代である。豊田は、来日した指揮者らとホール音響やオケのバランスなどについて、意見交換しながら、英語力に磨きをかけていった。そのひとりが若き日の指揮者サイモン・ラトルである。究極のオン・ザ・ジョブ・トレーニング（実際の仕事を通じての訓練）のなかで、豊田が気づいたことがある。

音楽家たちの言うこと、言いたいことが英語でわかるというのは当然必要です。でも、相手に技術的なことだけを話しても音楽家や建築家たちとは会話にならないのです。音楽家と会話のできない技術屋（エンジニア）では、だめです。だって、「残響が何秒です」みたいな技術的な話題だけでは、フランク・ゲーリーと会話にならないでしょう。同じ環境にいたからといって、違う人間が同じだけしゃべれるようになるわけではありません。そこには耳の良し悪しとは別の言語感覚も必要になる。じゃあ、どうやってしゃべれるようになったかって？　この仕事と音楽が好きだから、としか言いようがない。それは記者の仕事でも、同じじゃありませんか？

ゲーリーは、豊田となぜ「特別な関係」にあるのかと聞かれると、いつもこう答える。
「だって、彼は英語を話さないからね」
もちろん、ジョークである。就職してから会社で学んだ豊田の英語は、いわゆる帰国子女的なアクセントを持つものではない。豊田自身、時に英語力について自嘲気味に話すことがあるが、海外で活躍する数多くの日本人のなかで、彼ほど世界的に知られる指揮者、建築家とファースト・ネームで呼び合う個人的な信頼関係を結び、英語で直接的なやりとりができる人はいないのではないか。音響、建築からジョークまで、伝えたいことを縦横無尽かつ明確に伝えることのできる、相当にハイレベルな英語である。それは、英語を母語としない指揮者、例えばアルゼンチン出身のバレンボイムや、ロシア出身のゲルギエフが話す極めて雄弁な英語と共通するように思う。

ゲーリーにすれば、どんなに流暢《りゅうちょう》な発音で英語を話す日本人であれ、ネイティブ・スピーカー（英語を母語とする人）であれ、会話の中身が面白くなければ、続ける必要はない。実際、彼は、気分が乗らない取材インタビューを早々に切り上げてしまうことも珍しくない。ゲーリーが関心を示すのは、話の「中身」であって「英語」ではない。ゲーリーの豊田評、「彼は英語を話さない」を意訳すれば、「ぺらぺらと中身のない流暢な英語を話す人とは違う」という意味なのだろう。

豊田自身、母が琴、父が尺八を趣味で演奏し、邦楽とのかかわりがある。自身も大学の学生オーケストラでオーボエを吹くなど、アマチュア奏者として楽器演奏の体験とオーケストラの音響バランスの経験がある。そして、学生時代からコンサート会場に通って聴いた海外の一流オーケストラの音が自分の耳に蓄積されている。日本文化への興味、あこがれから、浪人時代の一年間、自分の意思で京都に住んだことは、来日した演奏家たちに日本や日本文化を案内する上で、役だったはずだ。豊富な話題に加えて食事やレセプションの場で、日本語でも英語でも言葉遊びの駄洒落やジョークを好み、その場を盛り上げる。

そんなところもゲーリーとウマがあうところなのだろう。そのあたりが、「耳の良し悪しとは別の言語感覚」なのかもしれない。

ゲーリーとの共同作業を続けていくなかで、豊田は、ゲーリーの日本文化に対する知識、造詣の深さに驚いたという。

ハラキリにかぎらず、日本の文化のことを本当によく知っている。私に話を合わせているのではなくて、これはやばい、というくらいよく知っている。雅楽もその一つ。自分は神社や結婚式で知る程度で、アメリカ人よりは知っているつもりだったが、彼に聞いてみると、大学時代に日本の古楽器「鉦鼓《しょうこ》（雅楽で使われる打楽器）」を学び、名曲として知られる「越天楽《えてんらく》」を演奏したこともあるというのです。

ウォルト・ディズニー・コンサートホールが完成した翌年の2004年、当時のロサンゼルス総領事河野雅治が豊田、ゲーリーを総領事公邸での夕食に招く機会があった。ディナーのメニューが書かれた紙に、ゲーリーは、ホール外観のデザインをスケッチした絵を描き、「この形は富士山なんだ」と説明したという。宴が盛り上がったところで、ゲーリーはこう言った。

「ディズニー・コンサートホールで雅楽をやるのはどうだろうか」

夕食時の何げない会話である。河野は、「いいですね」とあいづちを打った。その翌日、ゲーリーは、豊田に電話をかけて、こう言った。「きのうの話、どうなった?」

ゲーリーは軽い気持ちではなく、本気で雅楽を呼びたいと思っていたのである。豊田は招聘《しょうへい》に向けて、総領事館と協力して日本の企業関係者へのスポンサー依頼まで働きかけて奔走し、雅楽演奏団体・伶楽舎《れいがくしゃ》による公演を同年に実現させた。

このときのことを、ゲーリーは、のちに筆者にこう話している。

「私が日本文化から得たインスピレーションは、単に表面的なものではなく、非常に深いものです。雅楽がディズニー・コンサートホールで演奏されたとき、そのときまで自分自身も気づいていなかったのですが、このホールはまるで日本の寺社のようだと思いました。それは自分にとっては、とても自然なことでもあります。日本文化は私のDNAの中にある。そのことを誇りに思っています」

ゲルギエフとの五分

豊田と極めて関係が深いもうひとりのマエストロ(巨匠指揮者)、ワレリー・ゲルギエフは、ロシア・サンクトペテルブルク(旧・レニングラード)のオペラハウス、マリインスキー歌劇場(旧・キーロフ歌劇場)を1988年から三十年以上にわたって率いる現代ロシア音楽界の重鎮である。エカテリーナ二世に遡る同歌劇場は、91年のソビエト連邦崩壊前後の混乱期には、資金難から存続すら危ぶまれたが、ゲルギエフは、世界ツアーによる資金集め、アンナ・ネトレプコなど才能ある歌手の発掘と育成、オーディションによる団員の拡充など、運営面と音楽面の双方で歴史あるオペラハウスの名声を復活させた。

その活躍はロシアだけにとどまらない。首席指揮者として、ロンドン交響楽団（２００7〜15）、ミュンヘン・フィルハーモニー管弦楽団（２０１５〜現在）といった欧州の主要オーケストラを率い、ベルリン・フィルやウィーン・フィルの定期演奏会にも頻繁に登場する。２０１９年には、ワーグナーの聖地バイロイト音楽祭にも招かれた。レパートリーも幅広い。チャイコフスキー、ムソルグスキー、プロコフィエフ、ショスタコーヴィチといったロシアものにとどまらず、マーラーやブルックナー、リヒャルト・シュトラウスなどドイツ、オーストリアの後期ロマン派の演奏も多い。上記の楽団と毎年のように来日ツアーをするほか、毎年夏に開かれるパシフィック・ミュージック・フェスティバル札幌（ＰＭＦ）の芸術監督を２０１５年から務め、世界各地から集まる若手演奏家の育成に当たるなど日本とのかかわりも深い。

豊田と知り合うきっかけは２００３年、ゲーリーとは別の建築家の紹介によるものだった。フランスの建築家、都市計画家ドミニク・ペローである。マリインスキー歌劇場に新しいオペラハウス（マリインスキー２）をつくる計画のコンペで選ばれ、ニューヨークの音響コンサルタントとの組み合わせでプロジェクトが進みつつあった。ところが、両者の関係がうまく行かなかった。ペローとしては、そのコンサルタントの代わりに豊田と進めたいという意向があった。プロジェクトを別の枠組みで進めるには、ゲルギエフの許可が必要になる。それで同年11月の同歌劇場の来日公演の際、東京で会うことになったのだ。

ロサンゼルスからの一時帰国中に新宿を歩いていたら、携帯にゲルギエフから電話がかかってきて、「いま、ホテルにいるから会えるか」と。ホテルの部屋にノックして入ったら、携帯で電話中だった。ロシア語の長電話でずいぶん時間がかかった。そうしたら「待たせて申し訳ない。マリインスキー歌劇場のすぐそばにある歌劇場の大道具、小道具を収納する建物で火事があって、その対応で大変なんだ」と言うのです。少し話してもまたすぐ電話がかかってきて中断する。オペラの公演があるから、会場の東京文化会館に行く車のなかで相談しよう、と。でも、車内でもまた電話がかかってくる。じゃあ、楽屋で話そうと楽屋に向かった。すると、たくさんの人がマエストロを待ち構えている。「公演のあとで話そう。オペラ、聴いていけるよね」と。その日の演目は、「エフゲニー・オネーギン」でした。

豊田は、ゲルギエフがその際、まさに昨日、きょう、火事が起きたかのように語ったと記憶しているが、歌劇場の倉庫火災は来日二カ月前の9月だった。おそらくは、事後処理をめぐって、問い合わせが相次いでいた時期なのだろう。結局、その日はろくな話もできず、また改めて相談することになった。ところが日を改めて後日、NHKホールでのプロコフィエフ「戦争と平和」の公演後に楽屋に行っても事態は変わらない。「また明日、来られるか？」という繰り返しになった。すっぽかしの連続である。とはいえ、本拠地の火災という特別の事情が理由である。しかも相手は大きなプロジェクトの成否を握っているマエストロなのだ。豊田はへこたれず、数分刻みの会話に食らいついていった。

ほんの五分の会話のなかで、いろいろとポイントを聞いてくる。東京文化会館の音響をどう思うか？　ＮＨＫホールと比べてどうか？　私なりに答えると別の話題へと、次から次に質問が飛んできた。今にして思えば、それが面接のようなものだったのでしょう。その場では結局、何も決まらなかったのですが、その後、第二オペラハウスの建設について、「国際的なチームを作って進めるのもいいかもしれない」といって、私の参加にＯＫが出たのです。ところがそれでプロジェクトが進むかといったら、予算の関係なのか、うまく行かない。

しばらくたってから、ゲルギエフは思いがけない相談を豊田に持ちかけた。

「火災で燃えた場所をコンサートホールにしようと思う。いつ、サンクトペテルブルクに来られるか」

第二オペラハウスの計画が中断している間に、火事で失われた場所に新たなコンサートホールをつくる。転んでもただでは起きないゲルギエフのアイデアは、豊田を音響担当に起用することが前提となっていた。

実は、ゲルギエフは、会う前から豊田の音響設計に注目していた。それは、この章の冒頭に引用した1998年の札幌コンサートホールKitaraでの衝撃的な体験に基づく。

「彼が設計した札幌のホールKitaraは、音響のいい日本のコンサートホールの中でも最大の発見だった。そこで初めて指揮したのは、ブルックナーの交響曲第4番だったと思う。(リハーサルで)トレモロ(弦楽器の反復演奏)から始めて、ホルンが最初のソロを演奏したとき、双方がもたらす音響効果を耳にして本当に演奏を止めてしまうほどだった。まさに魔法の音響効果だった」

「ヤスが日本でつくったほかの非常に音響のいいホールも知っていた。でも、非常に印象的な瞬間が、Kitaraでの演奏だったのです。そしてマリインスキー歌劇場がコンサートホールをつくることになったとき、2004年から06年にかけて、彼と努力を重ね、多くの時間をともに過ごすことになった。大きな火事で、歌劇場で二番目に重要な歴史的建造物が失われてしまった。ところが幸運なことに、この建物の形は、シューボックス型のホールに近いものだったのです。歴史的な建物なので、拡張することはできない。その中にコンサートホールを収める必要があったのです」(2019年2月、パリでの筆者とのインタビュー。以下の引用もその際のものである)

豊田も当時のやりとりを鮮明に覚えている。

電話があってから、二、三週間後にサンクトペテルブルクに入り、焼け跡の現場を見ました。ゲルギエフは「歴史的な街だから、景観を守らないといけない。中を見てみると、ウィーンの楽友協会が入るくらいの大きさだから、どうだろうか」と。僕は「コンサートホールにはちょうどいいスペースかもしれない。楽友協会は昔の狭い椅子だから、約1600人入るけど、いまのホールではそんなに多くは入らない」というようなことを伝えました。

答えは「客席数が1000を超えればいい」だった。即決である。第二オペラハウスの建設計画が資金面で立ち止まるなか、コンサートホールは、ゲルギエフが自ら財団を立ち上げ、個人的なプロジェクトとして進めた。こけら落としは2006年11月。火災から三年たらずの突貫工事だった。

ゲルギエフ自身、このホールをどう見ているのだろうか。

「まさに神からの大きな恵みでした。音色の美しさ、非常に小さな細かいところの繊細さから、ニュアンス、演奏しているときの極めて印象的な静けさに至るまで、ふつうならそれなりの音量がないと音が貧しくなってしまうような状況でも得ることができる。音色が聞こえず、音に顔がない、というようなことはこのホール、マリインスキー3では起きないのです」

理想の音響とは何か。彼はこう語る。

「極上のフランス産赤ワインを試飲したときのようなものです。極めてふくよかで、とがらず、乾いていない。ただ、すばらしく芳醇《ほうじゅん》なのです。人類の文化がつくり出すことのできる最高のものに接していると感じることができる。それこそが我々がコンサートホールで見いだしたいと望んでいるものなのです」

決断力と実行力を伴った彼の才能はオペラやオーケストラの指揮にとどまらず、新ホールの建設を含めた歌劇場全体の運営に及ぶ。プロジェクトを進めるなかで、ゲルギエフは、こんな夢を豊田に語っていた。「将来のマリインスキーをニューヨークのリンカーン・センターのような文化施設群にする。毎夜充実した公演を提供して、観客を世界中から集めたい」

リンカーン・センターは、メトロポリタン歌劇場とニューヨーク・フィルハーモニックの本拠地で、彼自身、メトロポリタンの首席客演指揮者を務めたことがある。その夢は、2006年のマリインスキー・コンサートホールに続いて、新オペラハウス「マリインスキー2」が中断の後、2013年に完成したことで、現実のものとなった。規模としては、むしろリンカーン・センターを上回るものだ（筆者注：マリインスキー2は、中断後、建築家の変更があり、豊田は音響を担当していない）。

契約書にない人間関係

コンサートホール完成から四年後の2010年6月、豊田は休暇を取り、夫人や友人とともに、サンクトペテルブルクを訪れていた。毎年5〜6月にゲルギエフが開く「白夜の星音楽祭」（The Stars of the White Night）を楽しむためである。昼間にエルミタージュ美術館に行き、夜は歌劇場と新しいコンサートホールで繰り広げられる数々の公演を楽しむ。そんな休暇を楽しんでいた豊田に、またもや電話がかかってきた。

「明朝、車を手配した。相談したいことがあるので来てほしい」

行先も目的も説明はない。それでも、ゲルギエフから相談されれば、応じないわけにはいかない。豊田は、家族と友人をホテルに残し、ロシア語しか喋らない運転手とふたりきりで向かった。およそ一時間。着いたのは、サンクトペテルブルク市内からバルト海の海岸沿いに北西方向に行ったところにあるレピーノと呼ばれる別荘地だった。そこに彼の別荘があった。軽井沢のような光景の別荘地で豊田を出迎えたゲルギエフは、こう言った。

「かなり広い敷地を入手することができたので、そこに室内楽ホールとゲストハウスを建てたい。才能ある若い人たちを育てる教育の場をもっと多く提供したい。マリインスキーに客演する世界レベルの音楽家たちと若い音楽家が交流できるような、アカデミックな場所にしたい」

若手演奏家らの研修機能も持つ客席数100～150席の室内楽ホールを、個人的なプロジェクトとしてつくってほしいという依頼だった。そして、「音響のことは任せる」。またもや、即決だった。

〈「音響のことは任せる」と言われたので、私自身も夢を膨らませた。公共ホールではなく全く個人的なプロジェクト、ということも拍車をかけた。客席数100－150席というのは、少しでも大きめのアンサンブルを入れようとすると音響的にはあまり余裕がない。敷地の制約から平面的に大きく広げることが難しかったため、天井を高くすることによって音響的に余裕のある空間を確保することにした。客席数100－150席クラスの室内楽ホールの場合、普通なら天井の高さは数m程度といったところであろうか。10mというとかなりの天井高となる。更なる音響的な余裕を求めて天井高をできるだけ大きく確保し、最終的には約15m（平均高さ）とした。見た目の印象はもはや室内楽ホールの印象ではなく、小さな「カテドラル（大聖堂）」といったところであろうか。マエストロからの異存は全くなく、全面的に信頼してもらったことに感謝している。マエストロの関心事は、むしろ天井の高い空間を利用してより多くの聴衆を収容することにあった。2層のバルコニーが追加され、最終的な客席数はおよそ500席を数えるに至った〉（永田音響設計のニュース・レターによる）

マリインスキーの第二オペラハウスをつくり、火災現場の倉庫を新たなコンサートホールによみがえらせる。そして、郊外に個人ホール「レピーノ・ホール」も実現させる。かかわったプロジェクトを通じて豊田が実感したのは、ゲルギエフの音楽を超えた実行力である。ものごとをどう動かしていくか、どうすれば、実現できるか。その力量には、資金調達力や政治家との人脈も含まれる。2017年5月の「レピーノ・ホール」の開幕コンサートの翌日、お忍びで訪れた政治家がいた。ロシア大統領ウラジーミル・プーチンである。サンクトペテルブルク出身で、クラシック音楽好きのプーチンは、ゲルギエフの個人的な友人でもある。そんな超多忙なマエストロとの関係を維持し、深めるのは誰にとっても至難の業である。どうすればいいか。

ゲルギエフのようなマエストロだと、欧州公演では、リハーサル中も演奏後の楽屋も関係者がひっきりなしに現れる。日本公演でも最初には何日も待ちぼうけだったくらいですから。ましてや欧州では、自分だけに時間を取ってもらうことは非常に難しい。でも、彼を訪ねる欧州の音楽関係者も来日ツアーにまでは同行しない。世界中のオケの事務局長やコンサートホールの支配人たちは、お互い欧米各地を行き来していますが、日本はなぜか、そこから抜け落ちているのです。逆にいえば、来日ツアーであれば、その間、完全に密着することができる。だから、ゲルギエフが来日する際には、ロサンゼルスから一時帰国して、ツアーに付き合うことにしたのです。

音響設計家、とくに豊田の場合、自分がかかわったホールが完成した後も、そのホールを拠点とするオケや指揮者と関係を維持しながら、ホールの音響の特性をオケとともに探し、響きをみがきあげていく「アフターケア」を大事にする。だが、ゲルギエフの場合、豊田が音響設計を担当したマリインスキー歌劇場のコンサートホールとは直接関係のない来日ツアーにも、同行するというのである。まさに、「契約書にない人間関係」（ゲルギエフ）でのつながりである。

その機会の一つが、2014年10月のマリインスキー歌劇場管弦楽団との来日ツアーだった。十日間、熊本、福岡、大阪、金沢、名古屋、そして東京を回る強行スケジュールである。その全日程に豊田は同行した。筆者は、大阪公演と東京公演で、リハーサルと本番に立ち会った。大阪の会場はザ・シンフォニーホール。クラシック専用の音楽ホールだが、同ホールの音響設計に豊田はかかわっていない。

そのホールで、音響設計家として何をするのか。まずゲルギエフは豊田をステージ上に呼び寄せ、舞台上のオーケストラぜりの高さや金管楽器の配置などについて議論を重ねた。この日のプログラムは、ストラヴィンスキーのバレエ音楽「火の鳥」と、マーラーの交響曲第5番。いずれもダイナミックレンジ（最小音と最大音との幅）が広く、弦楽器と金管楽器のバランスが求められる大曲である。

リハーサルが始まると、豊田は一階席中央のまんなか付近、ステージの両袖と結んで正三角形になるような位置に座って耳を傾けた。演奏の途中で指揮棒を止めたゲルギエフが、うしろを振り向き、これでいいか、と問いかける。「OK」。豊田は両手を上げて丸印をつくった。オーケストラのバランスがステージ上で取れていることを指揮者が確認したうえで、それが客席にいる聴衆にもバランスよく伝わっていることを確認する作業である。

来日ツアーの場合、ほぼ毎日、異なる演奏会場で演奏する。ホールによって音響特性が異なるなか、毎回、最善の音響バランスを求めて微調整する必要がある。場合によっては楽器の配置を換えることも必要になる。サントリーホールのように何度も演奏している場所だけでなく、初めて演奏する場所も少なくない。その作業を音響の専門家である豊田の耳が手助けする。指揮者にとってみれば、これほど頼りになることはない。しかも、何か問題があれば、どうすべきか、その場で解決策を相談できるのである。

本番の演奏は圧巻だった。ホール音響を活かし、バランスが完全に取れている。その上でゲルギエフがカリスマ的な集中力、緊張感でオーケストラを統率する。まさに完璧な演奏だった。マーラーの交響曲が終わると聴衆は立ち上がって拍手を送った。その音楽づくりに自分もかかわった実感が豊田にはあった。

「これだから、やめられないんだよね」

拍手のさなか、筆者の隣で豊田がつぶやいた言葉だ。マエストロに協力して、ツアー演奏を成功させる。指揮者も奏者も聴衆も満足する。それは豊田にとってもこの上ない喜びである。そして、そこで得た信頼は、次のホール建設プロジェクトへの布石ともなる。

響き合う観察力

ツアーには豊田のほかにもうひとり、全日程を同行している人物がいた。東京交響楽団の元ハープ奏者で、音楽活動のパトロンとして知られたイタリア在住のチェスキーナ洋子（チェスキーナ・永江洋子、1932〜2015）である。イタリア人の資産家だった夫の遺産を世界各地のオーケストラや音楽家の支援に充てた。ニューヨーク・フィルハーモニックの北朝鮮公演（2008年）の実現にもかかわった。ゲルギエフとは長年の友人で、コンサートホール（マリインスキー3）の建設費も支援した。彼女の好きな作曲家はドボルザークだった。ゲルギエフの演奏レパートリーのなかで、ふだんあまり取り上げられる作曲家ではない。だが、彼女の出身地熊本での演奏会では、有名なチェロ協奏曲が取り上げられた。付き合いの長い豊田にとっても、「ゲルギエフのドボルザーク」は珍しい体験だった。

サントリーホールでの東京公演初日の打ち上げは、そのチェスキーナが汐留の高層ビル上階にある高級焼き肉店を貸し切る形で進められた。演奏会が終わるのは通常、夜の十時過ぎ。それからのスタートなので、宴は日付を越えて進む。ゲルギエフと豊田は同じテーブルで焼き肉を食べながら、さまざまな情報交換、そして次なるプロジェクトについての議論を進めた。終わったのは午前四時。その日の夜にも演奏会が予定されている。エネルギーの塊のようなゲルギエフに密着するのは、まさに体力勝負である。

演奏会後の打ち上げには、レセプションなどの公式行事でない場合、指揮者に近い、ごく内輪の関係者だけが呼ばれる。豊田のような仕事を超えた個人的な友人をはじめ、招聘したマネジメント会社の関係者など多くても二十人くらいだ。大阪のツアーから取材で同行したとはいえ、筆者が勝手に入り込める世界ではない。豊田からは、「申し訳ないけれど、打ち上げに来てもらうのは難しいかもしれない」と事前に聞いていた。当然のことである。


ところが、演奏会が終わって、豊田とともに楽屋を訪ねたとき、ゲルギエフは私を見て、「打ち上げにはおまえも来い」と声をかけてきた。信頼する豊田と一緒に来ている人間なのだから、という心遣いだったのだろう。以心伝心、まるで豊田の気持ちを読み取るかのようなその直感的ともいえる観察力、判断力に驚いた。「親分肌」ともいうべき、大胆かつ豪快なマエストロが、一方で細やかに気配りをする。それは、事前に「来てもらうのは難しいかもしれない」と私を気遣ってくれた豊田の気配りとも相通じる。ふたりが意気投合するのは、そんなところを含めて、響き合うところが多いからなのだろう。

来日ツアーから数カ月後の2015年1月、チェスキーナ洋子はローマで死去した。ゲルギエフは多忙なスケジュールを調整してその年の8月、追悼演奏会のために来日し、彼女がかつてハープ奏者として在籍していた東京交響楽団を指揮して、チャイコフスキーの交響曲第6番「悲愴」を捧げた。豊田との「契約書を超えた人間関係」にせよ、彼女への追悼にせよ、ゲルギエフは、自分が信頼する人間と、とことん付き合う。そして、豊田もそれを100%以上受け止め、とことん付き合うのである。

ゲルギエフが率いるもう一つのオーケストラ、ミュンヘン・フィルが2018年11月から12月に来日公演した際にも豊田はロサンゼルスから駆けつけた。12月2日、サントリーホールでの午後の演奏会のプログラムは、プロコフィエフのピアノ協奏曲第3番（ピアノ独奏・ユジャ・ワン）と、ブルックナーの交響曲第9番だった。

いつものようにリハーサルから加わった豊田に、オーケストラが演奏したのは、プロコフィエフでもブルックナーでもない、「ハッピー・バースデー」だった。この日が豊田の誕生日であることを覚えていたゲルギエフによるサプライズ演奏である。

ゲルギエフは語る。

「その日の演奏会も悪くなかったが、その晩にヤスの誕生日を東京で一緒に祝えたのは最高だった。私たちがこれからも、もっと、もっと、もっと多くの機会に会えることを望んでいる。そして新しいホール計画について話したいんだ」

「もっと、もっと、もっと多くの機会に（many many many more opportunities）」。言葉を重ねるマエストロの言葉は、社交辞令をはるかに超えた豊田への心からの親愛のメッセージだった。

ゲルギエフは一貫して新ホールの音響設計を豊田にゆだねている。モスクワ中心部、赤の広場に隣接するホテル跡地にできた「ザリャージエ・コンサートホール」（モスクワ、2018年）もその一つだ。これは、首都モスクワに優れた音響のホールをと、プーチンとの直談判で決まったプロジェクトだった。

プーチンは、2014年にウクライナのクリミア半島を併合し、20年の憲法改正で、事実上の終身大統領となった。その強権的な手法には、欧米諸国からの批判が高まっている。一方、大統領に近いことを公言し、14年のソチ五輪の開会式と閉会式でも演奏したゲルギエフに対しては、音楽家としての評価とは別に、その政治的な立場が批判的に見られることもある。

そんななか、北方領土問題などでわだかまりの残る日ロ関係について、ゲルギエフは、音楽で結びつきを強めたいとの思いを筆者とのインタビューで明かした。その一つが、ロシアの極東ウラジオストクに建設する新コンサートホールの計画だ。ゲルギエフは、マリインスキー歌劇場の活動を本拠地サンクトペテルブルク以外にも広げようとしている。モスクワにできた「ザリャージエ・コンサートホール」は、その拠点だ。ウラジオストクでの新ホールは、同地における「ザリャージエ」の役割をもつ。その音響を担当するのは当然ながら豊田ということになる。
「ウラジオストクに新しいコンサートホールをつくるのは、私の非常に大きな希望です。ウラジオストクは日本にとても近い。私の夢は東京、札幌とウラジオストクの間に、音楽の橋をかけることなのです。特に札幌とね。ウラジオストクでは、マリインスキー歌劇場（の支部）がもう何年も活動しています。とてもいいバレエ団があり、オケもいい。そして、札幌には（札幌交響楽団という）いいオケと、新しくできた、すばらしいオペラハウス（札幌文化芸術劇場 hitaru〈ヒタル〉）があります。そこには、（建物だけでなく、オペラハウスを本拠地とする）バレエ団とオペラ・カンパニーをつくる必要がある。すぐにできることではなく、数年がかりになるでしょう。ウラジオストクと札幌は非常に近いので行き来することができます。日本とロシアが関係を築くには、文化面で共有することが必要ではないでしょうか」

札幌には豊田が音響を設計し、ゲルギエフが世界最高の音響と位置づける名ホール、Kitaraがある。hitaruは、豊田本人ではないが、所属する永田音響設計が手がけたものだ。ゲルギエフは、毎年夏に開催される音楽祭パシフィック・ミュージック・フェスティバル札幌（PMF）の監督も務めている。その札幌と、自らがマリインスキーの極東の拠点として位置づけるウラジオストクをオーケストラ、オペラで結びつける。資金調達に長けており、プーチンとの個人的な関係に加えて、前首相の安倍晋三とも首相在任中に会ったことのあるゲルギエフだけに、その壮大なプランは単なる夢にとどまらない可能性を持つ。そして、その試みを豊田との二人三脚で進めようとしているのである。

「担当者」から「音響設計家」へ

ゲルギエフとゲーリーに共通するのは、日本文化への深い敬意と関心である。ゲルギエフが初めて訪日したのは1980年代初め、まだ30歳のときだった。そのとき、三井不動産の社長、会長を務め、クラシック音楽の振興にも尽くした江戸英雄（1903〜97、ピアニスト江戸京子の父）に会ったときのことを、いまでもはっきりと覚えている。

「彼の部屋を訪ねると、少年のように若い男である自分の前で、彼はこうやってお辞儀をしたのです。相手に対して尊敬するという行為です。それが彼の、そして彼の国での伝統なのですから。非常に深淵なものでした。私はまだ完全な一人前ではありませんでしたが、できるかぎりの敬意を払いました。そうした出会いを通じて、私は日本でできた新たな友人たちに敬意を持ち、互いに学び合うようになったのです」

「どこの国であっても、国民的な伝統に悪いものはないと思いますが、特に千年、二千年と続いた日本の伝統はすばらしいものに違いありません」

そうした日本人への敬意ともつながるものだろうか。日本人の演奏家とも深いつながりを持つ。そのひとりが、2009年に「第十三回ヴァン・クライバーン国際ピアノ・コンクール」で日本人として初の優勝を果たしたピアニスト辻井伸行である。2012年7月には、サンクトペテルブルクの「白夜の星音楽祭」に招かれ、チャイコフスキーのピアノ協奏曲第1番を演奏した。15年のミュンヘン・フィル来日ツアーでもベートーヴェンのピアノ協奏曲第5番「皇帝」を演奏するなど、深い関係が続いている。

フランク・ゲーリーとワレリー・ゲルギエフ。建築、指揮という異なる世界で、いわば世界の頂点に位置するふたりが、それぞれ豊田に心を開き、付き合いを深めていく。まさに仕事や契約を超えた人間と人間の関係である。

豊田は、筆者に「自分は、弟子をとらない」と言ったことがある。はじめのうちは、いぶかしく感じた。彼だけが持つ音響の特異な才能、技術を後進に伝えることが難しいからなのだろうか、と。でも、こうした付き合いをそばで見るなかで、その理由がわかった気がする。日本では、多くのホールで自治体が発注し、建設途中の人事異動で、発注側も受注側も担当者が交代することは珍しくない。しかし、海外のプロジェクトでのマエストロたちとの付き合いは、担当者が代わったからといって、名刺一枚で後任に引き継げるようなものではない。豊田自身、こうしたマエストロたちとの関係は、自分自身で築いたものであって、会社の上司や先輩から引き継いだものではない。そして音響設計家としての豊田の仕事のかなり大きな部分は、こうしたマエストロたちとの個人的な信頼関係に基づくものなのである。

会社組織の一員として振る舞うことが重視される日本に居続けていたら、豊田の才能は、開花しなかったかもしれない。「一匹狼」的な動きは、疎《うと》まれがちだからだ。その意味で、ウォルト・ディズニー・コンサートホールのプロジェクトをきっかけに、本拠地を日本からロサンゼルスに移し、そこから海外の各地でプロジェクトを手がけたことは豊田の人生にとって極めて大きな意味をもつ。永田音響設計のロサンゼルス事務所代表という組織に幹部として所属し続けながらも、建築家や指揮者との個人的な信頼関係を築くことで、彼自身、音響会社の担当者から、ひとりの音響設計家（アコースティックデザイナー）へと脱皮していくのである。マエストロたちが仕事相手に選ぶのは、永田音響設計という会社の一社員ではない。「音響設計家ヤス・トヨタ」という個人なのである。

世界各地のプロジェクトを手がけ、連戦連勝、順風満帆にも見えるその仕事だが、ライバルの多い仕事だけに、仕事上のトラブルとも無縁ではない。そんなときも彼らは、豊田を守ってくれる存在になる。彼が直面した「ある事件」については後段の章で改めて取り上げてみたい。

第3章　21世紀のコンサートホールが完成した

サッカースタジアムのように極めて垂直的で高さのあるものにしたかった。聴衆が高い位置から音楽を取り囲むことによって、聴衆と音楽との関係性が極めて強いものになる。

——ジャック・ヘルツォーク（建築家）

エルプフィルハーモニーの工夫

新しいコンサートホールをつくるとき、音響設計家はどんな仕事をするのだろうか。外観と内部を設計する建築家との関係はどのようなものなのだろう。そして、ホールが完成した後、未知の音響空間で演奏するオーケストラ、指揮者たちに、音響設計家は、どのようにその響きを伝えるのだろう。

この章では、豊田が手がけたホールの代表作の一つ、ドイツ・ハンブルクのエルプフィルハーモニーを例に、音響設計家の仕事ぶりを紹介してみたい。

ドイツ北部の街ハンブルクは、北海に通じるエルベ川河口から内陸に100キロほど入った港湾都市である。ホールの名称は、エルベ川に由来する。街は、クラシック音楽とのつながりが深く、作曲家フェリックス・メンデルスゾーン、ヨハネス・ブラームスらの生誕地として知られる。現在、日系アメリカ人ケント・ナガノが音楽総監督を務める州立歌劇場では、市立歌劇場時代の1890年代、作曲家グスタフ・マーラーが首席指揮者を務めた。

同ホールを本拠地とするNDR（北ドイツ放送）エルプフィルハーモニー管弦楽団は、第二次世界大戦後の1945年に放送局NDRのオーケストラ、北ドイツ放送交響楽団として創設された。第四代首席指揮者ギュンター・ヴァント（1912〜2002／在任は1982〜90年）は、重厚なブルックナー演奏などで、日本の聴衆にも熱狂的な人気を得た。

この建物は、エルベ川に面するウォーターフロント地区再開発の目玉として建設された。中世ヨーロッパにさかのぼる都市同盟ハンザの中心都市だった時代、世界各地から集まった穀物などを保存していた赤レンガ倉庫街に人の流れを改めて呼びこみ、文化的な発信の場所に再生させる試みである。ホールの建物の基底部にあたる11階までは、赤レンガ倉庫の構造をそのまま生かし、その上の12階から26階までの部分に新たに、全面をガラスで覆った巨大な構造物を築いた。伝統と再生を組み合わせたポスト・モダン建築である。

主要部を占めるホールは12階から23階（座席部分は17階まで）。2100席の大ホールと、500席規模の小ホールがある。建物内には、ホテルと住宅（コンドミニアム）もある。エルベ川を航行する運搬船の警笛音を遮断するため、ホールはそれ自体が独立した構造物になっており、スプリングを使って、建物の内部で浮いた状態になっている。大ホールの重量は約1万2500トンにも達する。地上からの高さ（111メートル）と公共部分の建設費7億8900万ユーロ（2017年完成当時のレートで約962億円）は、いずれもコンサートホールとして史上最高と話題になった。

ガラスで囲まれた巨大構造物の屋根は、船の帆が波打ったような形の高低差があり、内部はコンサートホール（大小）のほか、高級ホテルや居住用のアパートなどが入った複合施設になっている。下から見ると、まるでスポンジの上に載ったケーキか、巨大な客船のように見える。建築デザインを設計したのは、スイス人のジャック・ヘルツォークとピエール・ド・ムーロンによる建築家ユニット「ヘルツォーク＆ド・ムーロン（ＨｄＭ）」である。巨大な火力発電所を改造したロンドンの美術館「テート・モダン」（２０００年）や東京のプラダ・ブティック青山店（２００３年）、北京五輪のメインスタジアム北京国家体育場（２００８年／通称「鳥の巣」）など、独特のデザインを構造に生かす作品で知られる。

民間主導のプロジェクトとして進められたため、建築家の選定はコンペなどを経ずにＨｄＭに決まった。その後、音響担当の選定は、豊田を含む数社との面接で進められた。建築界のノーベル賞といわれるプリツカー賞の受賞者でもあるＨｄＭだが、本格的なコンサートホールの建設はこれが初めて。豊田と事前の面識はなかったが、音響の世界で第一人者として知られる彼を選んだのはある意味、自然な成り行きだったのだろう。

コンサートホール設計の経験がない建築家との共同作業をどう進めるか。豊田はまず、彼らとともに世界各地の著名なコンサートホールを訪れた。ＨｄＭが特に関心をもったのは、ステージの周りを３６０度客席が取り囲むヴィンヤード方式のベルリン・フィルハーモニー、そして客席のバルコニーが壁面に並ぶオペラの殿堂ミラノ・スカラ座の二つだった。

赤れんが倉庫は、上からみると細長い台形になっている。その倉庫の上にコンサートホールを「載せる」構造のエルプフィルハーモニーでは、ステージと客席部分を合わせた平面の面積を、元々の倉庫の形より大きくすることは難しい。一方で、オーケストラの演奏会場として使う大ホールでは、採算面からも2000席以上の大きさが求められる。ではどうするか。HdMと豊田が見いだした解決策は、「ヴィンヤード方式」を取りつつ、ステージを取り囲む客席の勾配をすり鉢状にして、垂直方向に伸ばすことだった。

客席を垂直に伸ばす、といってもわかりにくいかもしれない。例えばベルリン・フィルハーモニーの場合、ステージ正面からまっすぐ後ろに伸びる客席は、最前部のAセクションが12列。続くBセクションが同10列。最後部のCセクションが同11列、合わせて33列ある。ステージからなだらかに上がっていくイメージである。そのため、最後部とステージとの距離はかなり遠くなる。

これに対し、エルプフィルハーモニーでは、ステージ正面からまっすぐ伸びる客席の最前部は12列でベルリンと同じだが、その後に続くセクションは6列。合わせて18列しかない。ベルリンのCセクションに当たる部分は後方になだらかに広がるのではなく、客席部分を上に伸ばした2階席（6列）のイメージになる。さらにその上の3階席に当たる部分が4列ある。後ろにではなく、上に伸びているため、ステージとの直線距離は最後部でも30メートル以内に抑えられている。ベルリンの約半分ほどのイメージである。かなりの急勾配で、少し後ろの席に座ると、ステージをかなり見下ろす感じになる。

HdMによる設計は、ベルリンとミラノのそれぞれの良さを採り入れたデザインといえるかもしれない。エルプフィルハーモニーでは、視覚的に2階席、3階席に見える部分を含め、客席の通路がすべてつながっており、ホールの外に出ることなく別のセクションに移動できる。一般に上階バルコニーの下にある客席は、天井からの反射音が届かないため、音響的にはあまりよくないといわれるが、このホールでは、上階バルコニーによる被りの部分が最小になるよう配慮されている。

HdMとのキャッチボール

オープニング時の2017年1月、ハンブルクで筆者のインタビューに応じた建築家ユニットHdMのひとり、ジャック・ヘルツォークは、ホールのコンセプトについて「サッカースタジアムのように極めて垂直的で高さのあるものにしたかった。聴衆が高い位置から音楽を取り囲むことによって、聴衆と音楽との関係性が極めて強いものになる」と説明した。HdMの代表作品の一つに、ミュンヘンのサッカー専用スタジアム「アリアンツ・アレーナ」(2005年)がある。半透明の特殊フィルムで覆われた繭のような外観で知られる同アレーナのイメージをコンサートホールに投影したともいえるだろう。

豊田にすれば、演奏者と聴衆が音響的にも視覚的にも一体感を味わえるデザインに異論はない。演奏者と聴衆、あるいは聴衆同士のインティマシー(親近感、一体感)は、豊田のつくるホールの基本的なコンセプトの一つだからである。豊田は語る。

我々音響設計部門がプロジェクトに参加した段階で、コンサートホールの基本的なレイアウトは、客席をできるだけステージ近くに配置できるヴィンヤード型にするという方針ですでに決まっていました。ホールの形をヴィンヤードにするか、シューボックスにするかは、敷地の形など、さまざまな条件次第です。ただ、客席数2000以上の大きなホールでは、ステージを囲むヴィンヤード型の方が、聴衆とステージとの物理的な距離、視覚的な距離を短くすることができる。もし、ヴィンヤード型とシューボックス型で同じレベルの優れた音響を出せるなら、聴衆と演奏者が一体感をもてるヴィンヤード型の方がメリットは大きいのではないでしょうか。

一方でコンサートホールとオペラハウスでは求められる音響的な特性は異なる。コンサートホールでは、オーケストラの演奏に適した豊かな音響が求められるのに対し、オペラハウスでは、オペラ歌手の歌詞、歌声が明確に伝わることも必要になる。その意味で、オペラハウスを参考にしたコンサートホール、という考え方は、音響的にはそもそも成り立たない、というのが彼の考え方だ。一概にはいえないが、残響時間も、オペラハウスの方が短いことが多いだろう。あらかじめ付け加えておくが、音の豊かさと残響時間は異なるものであることは、豊田が繰り返し語っている（その点については、次の章で詳述する）。

残響時間の長さだけを考えれば、材質がより固く、ホールの内部空間（容積）が大きいほど、長くなる。だからといって、残響時間の長いコンサートホールの音響がオペラハウスの音響よりも必ずいいとは限らない。客席とステージの距離はオペラハウスのように近く、垂直的だが、音響的には、オーケストラの演奏に適した豊かさをもつホールにする必要がある。豊田にとって、それはいわば、二律背反的な課題に対応することが求められることを意味した。

建築家のHdMとはキャッチボールのような対話を重ねました。本格的なコンサートホールを初めて設計することになる彼らに対して、音響的にどうすればよくなるか、悪くなるかということを説明したうえで、彼らが最初のプロトタイプ（原型）をつくる。それを見た上でここを直した方がいいというようなフィードバック（軌道修正）を重ねていく。その際に大事なことは建築家と音響設計家の双方がともに満足していなければならないということです。世界的に有名な建築家であっても、「これが俺の建築デザインだ。一切変えるな」となったら、コンサートホールとしては悲劇になる。

コンサートホールの室内音響は、ホールの天井の高さや幅などの形、客席のレイアウトなどの室形状と、内装材料の二つに大きく左右される。内装材料とは室内の表面的な仕上げ材料だけでなく、その裏側の構造や質量などによっても、音響に違いが出てくる。低音域の音を有効に反射させるには、一定の重量（面密度）が必要になる。

エルプフィルハーモニーの内部に入って、まず目に付くのは壁面・天井面の白い壁材が持つ凹凸だ。貝殻をモチーフに、約一万枚もの繊維強化石膏ボードの表面を削り取り、凹凸を作り出した。ジャック・ヘルツォークは、ホールのコンセプトとして「ミネラリティ(Minerality)」を挙げた。ミネラル感とでも訳せばいいだろうか。「角度が直線的だったり、壁が平行したりしていると音響によくない。インスピレーションは古代ギリシャの劇場やトルコのエフェソス遺跡のように岩石を切り出した鉱物的なもの。鉱物的な素材を使い、洞窟のようにした」と語る。

ミネラル豊かな海の中にいるような雰囲気で、音楽を楽しむイメージだろうか。貝殻や珊瑚礁を思わせる石膏ボードの凹凸はステージの音を受け止め、ホール全体に散乱させる役割をもつ。

コンピューターが発達したいま、音響についても、さまざまなシミュレーションソフトがある。一方で、シミュレーションでは、どうしても解決できない問題も依然として存在する。コンサートホールでは、ステージ上の音が壁・射面などで反射し、それが客席やステージに返って来るエコー(反響)のうち、通常の残響音とは分離されて大きく響く反射音がある。「時間遅れが大きく強い反射音」(ロングパスエコー)である。これをチェックするには、ホールの形状で模型をつくり、そこでの音響実験で実際に確認するしかない。模型のステージ上から内部に音を放射してその波形やエコーを確認する。エルプフィルハーモニーでは10分の1の模型がつくられ、そこで実験が繰り返された。

シュッ、シュッ。ステージ上から投影される音は、メロディーとは無縁、無機的で極めて短い音だ。実際のホールで使われる周波数がXヘルツだとすると、10分の1のモデルでは、周波数も10分の1、つまり10分のXヘルツになる。その音を、模型の内部に埋め込んだマイクで拾い、波形を確認しながら、豊田や彼のスタッフがヘッドフォンで耳をそばだてる。まるで聴診器で心臓の音を聴く医者のような作業になる。豊田自身、この作業を医師にたとえて説明する。

波形をみて、ここが悪い、汚いというのはわかります。でも、「これが理想的な波形」というものはない。できるのは変なエコーを避けること。医者にたとえれば、レントゲン写真のようなものです。普通の人が見てもわからないが、医師がみれば、悪いところがどこか、わかる。それを耳で確認できるのがスケールモデル（模型）です。だから今でも、コンピューターとスケールモデルの両方とも、ホール設計に欠かすことはできません。

実際のテストでは、ステージとその周辺の客席でロングパスエコーが検知された。このエコーを防ぐのに役だったのが、ホール内部に貼り付けられた約一万枚もの石膏ボードだった。豊田ら音響のスタッフは、実際に10分の1の大きさで凹凸を付けた石膏ボードをつくり、模型の中でエコーの原因となる面に取り付けた。その上でボードの表面をどこまで深く削れば、不要なエコーを防げるか、実験を続けた。

ロングパスエコーのないソフトな反射を生み出すのに最適な深さは10〜30ミリ。エコー障害を解消させるためには、さらに深く彫り、50〜90ミリという結論に達した。理論、データと現実をどう組み合わせるか。ケースバイケースの模索である。

「ミネラル感」のコンセプトは、音響面でも役立ったということになる。ところが、その話を豊田にぶつけると、意外な答えが返ってきた。

実は、ヘルツォークとのやりとりで、「ミネラリティ」なんていう言葉を耳にしたことはありません。建築家が建物のコンセプトを語るとき、最初からそれがあるわけではなくて、できあがってから、それに合った物語をつくることがよくあるのです。今回の説明も、そういった後付けのものではないでしょうか。

コンサートホールづくりを通じて、これまで共同作業した建築家は、フランク・ゲーリー（ロサンゼルスのウォルト・ディズニー・コンサートホールなど）、磯崎新（上海シンフォニーホール、2014年）、ジャン・ヌーヴェル（パリのフィルハーモニー・ド・パリ、2015年）、坂茂（パリのラ・セーヌ・ミュジカル、2017年）らそうそうたる顔ぶれだ。彼らとホールづくりをする際、音響設計家として、建築家のこだわりやプライドを傷つけずに、音響面で最高のものをつくる必要がある。最初から音響に関するアイデアを求めてくる建築家の場合もあれば、まず自分が建築上のアイデアを出した上で音響に関する意見を求める場合もある。例えば天井を音響的には高くしたい、でも建築家としては高くしたくない、という場合、音響の立場から建築家に相談しないといけない。室内の幅の場合も同じだ。そうやって相談しなければいけないことが無数に出てくる。

デザインか音響か。コンサートホール建設の過程では、建築家にも音響設計家にも妥協できるところとできないところが、それぞれあったはずだ。だが、ホールが完成した後、建築家がその経緯をメディアに細かく説明する必要は必ずしもない。優れた建築デザインを見れば、ジャーナリストは必ずそのコンセプトを建築家に尋ねる。そのとき、「ミネラリティ」という言葉で説明されれば、なんとなくわかったような気になる。だが、実際にはそんな「物語」が事前にあったわけではなく、最高の音響を目指した試行錯誤の結果だったということなのだろう。さまざまな直感的なアイデアを実際の構造物として形にする作業を重ねる建築家にとって、「物語」がいつの段階で誕生したのか、本人にとっても説明しがたいことが多いのではないか。それを横から見守ってきた音響設計家にしてみれば、「物語は後からつくられる」と見えるのもまた事実なのだろう。多くの世界的な建築家と仕事を重ねてきた豊田ならではの率直なコメントといえる。

初めて本格的なコンサートホールを手がけたＨｄＭにとっても、満足のできる仕上がりだったのだろう。筆者が、インタビューの際、半ばお世辞も込めて、「演奏会場で街おこしといえば、オーストラリア・シドニーのオペラハウスが有名ですが、ハンブルクではこの建物がそれに匹敵するものになりますね」と聞くと、ヘルツォークは自信たっぷりにこう語った。
「むしろ、パリにとってのエッフェル塔に匹敵するものになる」

リハなしの「完璧な演奏」

2017年1月、エルプフィルハーモニーのこけら落としを控え、豊田は、開幕演奏会を担うオーケストラ、NDRエルプフィルのリハーサルに立ち会っていた。聴衆のいない客席で、あるときは正面、あるときはサイドの客席へと座る場所を変えて、音響の確認をする。通常のホールでは、聴衆がいる場合といない場合では、音響的にも違いが出てくることが多い。聴衆の衣服などが音を吸収するためだ。このホールでは、人がいてもいなくてもほぼ同じ音響になるよう、客席には木と布の素材を選んだ。空席時と満席時の残響はそれぞれ2・4秒と2・3秒。極めてわずかな違いしかない。
初めてのホールで演奏する指揮者、楽団員の耳に、ホールの音響はどう届いているのか。戸惑いはないか。音響設計家にとって、新ホールでの最初のリハーサルと、聴衆を入れた最初の演奏会はいずれも緊張の瞬間だ。一方でいくつものホールの音響設計にかかわってきた豊田にとって、この段階でホールの音響について語るのはまだ早すぎるという思いもある。

最も難しいのは、ホール完成後の最初のリハーサルです。演奏者はこのホールでどのくらいの音を出せば、どう響くのか、ほかの奏者の音がどう跳ね返ってくるのか、まだ誰もわからない。本当はそれをしっかり聴いてアンサンブルを修正していかないといけないはずです。ところが演奏者は、演奏した音が自分に戻ってこないと、神経質になって、本当ならもっと柔らかく弾かないといけないところを強く弾いてしまうものなのです。七十〜八十人のオケがふだんより大きな音を出せばどうなるか。アンサンブルは乱れてしまいます。そういうことが最初のリハーサルでよく起きるのです。リハーサルや演奏会を通じて、オーケストラや演奏者はホールと対話しながらその音響を学んでいく。今の段階で音響がどうかというのは早すぎる。来年になれば、もっと響くようになります。

開幕演奏会の指揮者は当時の首席指揮者トーマス・ヘンゲルブロックである。プログラムは、イギリスの作曲家ブリテンの「オウィディウスによる六つのメタモルフォーゼ作品49」で始まった。16世紀ルネサンス後期のイタリア人作曲家らの作品をはさんだ後、20世紀を代表する大曲、オリヴィエ・メシアンのトゥーランガリラ交響曲のフィナーレ、ワーグナーの「パルジファル」前奏曲、そしてベートーヴェンの交響曲第9番「合唱付き」第4楽章で締めくくった。バロックから現代曲まで、オーケストラの編成の大小を含めてさまざまな選曲だ。ヘンゲルブロックにすれば、さまざまな曲で新ホールの音響を試す意味合いもあったのではないだろうか。

英タイムズ紙が「このようなレベルのコンサートホールが（イギリスに）ないことを恥じ入る」と書くなど、音響に対するメディアの評価は、おおむね好意的だったが、豊田の耳には、オーケストラがこのホールの音響をまだつかみあぐねているのではないかという危惧もあった。このとき豊田が座っていたのは、ドイツ首相のメルケルらと同じ、指揮者の前の最前列。音響を確かめるには、ステージからの距離が近すぎる位置である。豊田は次の機会を待った。

このホールの響きは本当にいいのか。それを確信できる機会は早々に訪れた。開幕に合わせて世界各地からオーケストラが招かれた。その一番手が、リッカルド・ムーティ指揮のシカゴ交響楽団だった。全米屈指のオケであるシカゴ響は、1969年から91年まで音楽監督を務めたゲオルク・ショルティ（1912〜97）が優れた演奏と多くの録音で黄金時代を築き、現在の名声につながっている。

ムーティが選んだのは、前半がヒンデミットの「弦楽と金管のための協奏音楽」（演奏会用音楽）とエルガーの「南国にて（アラッシオ）」、後半はムソルグスキーの「はげ山の一夜」と「展覧会の絵」という音色豊かな管弦楽曲のプログラムだった。特に後半の2曲は、初日のNDRエルプフィルによるプログラムに比べ、オーケストラのバランスやホール音響の良し悪しをチェックするのにふさわしい選曲といえるかもしれない。正面中央やや奥の席で聴いた豊田は、音響バランスのとれた圧倒的な演奏を聴いて、感激とともに、不思議な思いに浸っていた。
欧州ツアー中のシカゴ響は当日にハンブルクに入り、すぐに演奏会に臨んだ。実はリハーサルなしのぶっつけ本番だったのである。

新ホールでの演奏は、リハーサルをしてもその響きを奏者が理解するまで時間がかかるものです。ところが、シカゴ響はいきなり来て、リハーサルなしで最高のバランスで演奏してしまった。これは不思議としかいいようがありません。あえて想像するなら、海外ツアーの多いシカゴ響は、演奏経験のないホールで演奏する、ということに団員たちが慣れているのではないか。新しいホールであっても、自然にほかの奏者の音に耳を傾けることができるのでしょう。もちろん、そのオケを率いる指揮者ムーティの力があってのものだと思います。

問題はオーケストラか、指揮者か

いいホールには必ずいいオーケストラがある、といわれる。ウィーン楽友協会とウィーン・フィル、ベルリン・フィルハーモニーとベルリン・フィル、そしてアムステルダムのロイヤル・コンセルトヘボウ管弦楽団などを見れば、明らかだろう。ところが、いいオーケストラが必ずいいホールをもっているとは限らない。全米一との評価が高いシカゴ響は、その代表例だろう。本拠地シカゴのシンフォニー・センターは1904年に完成した歴史あるホールだが、音響面で最適とはいいがたいという評価を得ていた。豊田自身、2005年ごろ、音響チェックを頼まれたことがある。豊田によると、例えば、ステージ上の演奏者にとって、演奏した音が跳ね返って自分の耳に届くまでの時間が、いわゆる名ホールとは異なるという。チェックの際、指揮をしたのは作曲家としても知られるピエール・ブーレーズ（1925～2016）。指揮棒の動きは最小限。楽譜に書かれたことを忠実に演奏することで、音楽の本質を描くタイプの指揮者である。オーケストラの音響バランスの取り方も超一級だった。音響設計家として、豊田が理想とする指揮者のひとりである。ところが、それが裏目に出た。

音響の悪いところを調べるための試験演奏だったのですが、耳が良すぎるブーレーズにいわせると、「いやすべて聞こえる。全く問題ない」となってしまった。オケの事務局の人たちにすれば、せっかく私を立ち会わせて、プロの意見に従い「ここが悪い、あそこが悪い」と指摘したかったはずなのに、まったく逆の結果になってしまいました。

ブーレーズの音響に対するバランス感覚がいかに優れていたか。もう一つのエピソードがある。26歳のときに彼に見いだされたロンドン在住の作曲家藤倉大《だい》は、2000年代の初め、スイスの夏の音楽祭ルツェルンで、自分の作品をブーレーズが指揮したときのことを今でも鮮明に覚えている。クライマックスで大音量を出すところで、どうしてもピッコロの音が聞こえない。ブーレーズに藤倉がそう伝えると、即座にこう言ったという。

「ではトロンボーン2（第2奏者）、打楽器3（第3奏者）だけ音量を落として」

全体の音量を落とすのではなく、八十人のオーケストラの二人だけに音量を下げる指示を出したのだ。「いや、そうではなくて」と藤倉が伝えようとすると、ブーレーズは「トラスト・ミー（私を信じて！）」と言って、指揮を始めた。そうすると、霧が晴れたようにすべての音が聞こえるようになったという。藤倉は、このエピソードを、筆者の取材のほか、ブーレーズが死去した際、追悼文の中でも明らかにしている。藤倉はこう語る。

「ブーレーズの指揮は正確だとよく言われるが、それ以上に、ある意味すごい音響のミキサーだと思った。ピンポイントでさっと指示を出し、すべての音がバランス良く聞こえるようにする。その魔法を、この日に見たような気がした」（朝日新聞朝刊2016年2月5日付）

シカゴ響は「音響のミキサー」ことブーレーズをはじめとする多くの巨匠による訓練を絶えず受けてきたオーケストラなのである。

エルプフィルハーモニーでの演奏後、豊田は楽屋にムーティを訪ねた。そこでムーティは、自信たっぷりにこう語った。「いいホールには、いいオケが必要だろう」

豊田も負けていない。「マエストロ、いいオケにはいいホールが必要ですよ」シカゴの改修や新ホール建設の際は、よろしくというセールストークを兼ねた切り返しである。

初日のNDRエルプフィルの演奏では確信できなかったホール音響のすばらしさを、シカゴ響が実感させてくれた。では、シカゴ響の方が「いいオケ」(ムーティ)なのだろうか。豊田自身、この時点では、まだ結論を出しあぐねていた。新ホールのオープンからの一カ月、足繁く演奏会に通って聴き比べていた豊田に、ある程度結論らしきものが見えたのは、2月10日、フィンランド人の指揮者エサ＝ペッカ・サロネンを招いて、NDRエルプフィルが開いた演奏会だった。

豊田が海外での大きなプロジェクトとして初めて手がけたロサンゼルスのウォルト・ディズニー・コンサートホールが2003年に完成した当時、サロネンは、同ホールを本拠地とするロサンゼルス・フィルを率いていた。そうしたつながりもあって、豊田とは個人的にも親しい。オケのバランスを取ることができる名指揮者のひとりというのが豊田の見方だ。ブーレーズよりも指揮ぶりはダイナミックだが、ともに作曲家兼指揮者であり、複雑な構造を持つ管弦楽の大曲や現代曲を得意とするという共通点がある。2017年当時、ロンドンの名門、フィルハーモニア管弦楽団の首席指揮者・芸術顧問だったサロネンにとって、NDRエルプフィルは客演での指揮であり、リハーサル時間なども限られている。

演奏会の後半にサロネンが演奏したのは、ストラヴィンスキーの「火の鳥」。彼が好んで演奏する曲目の一つである。客席で聴いた豊田は、素晴らしい演奏と音響のバランスのよさに感激した。

開幕直後にNDRエルプフィルとシカゴ響の演奏を聴き比べたときには、シカゴ響の方が圧倒的によかった。これは、オケの力の差ではないか、と思うわけです。ところが、サロネンが指揮をしたNDRエルプフィルの演奏は、ムーティ指揮のシカゴ響に勝るとも劣らないすばらしい演奏だった。では、音響のバランスが悪いのは、オケのせいではないとなるわけです。それでは何が違うのか。あえて言えば、二つの演奏会で違うのは指揮者です。指揮者によって、ここまで演奏も音響のバランスも変わるものだということを改めて実感したわけです。

オープニングの演奏会でNDRエルプフィルを指揮したヘンゲルブロックは、ヴァイオリン奏者として音楽活動を始め、古楽器アンサンブルやオペラなど、多彩な経験を持つ実力派である。一方、ワーグナーゆかりのドイツ・バイロイト音楽祭に2011年、初めて招かれ、「タンホイザー」を指揮したが、この年限りで降板となった。同音楽祭の劇場は、オーケストラピット（舞台と客席の間に設けられたオーケストラの演奏場所）が舞台下に隠れた独特の形を持ち、指揮者や団員の演奏中の姿は、客席からは見えない特殊な構造になっている。そのため、演奏も音響上のバランスを取ることも極めて難しいことで知られる。指揮者、祝祭管弦楽団（同音楽祭の期間中、世界各地の名門オーケストラの奏者らで臨時編成される）のメンバーとも一年目は事実上の「試用期間」であり、そこをクリアできなければ、どんな名指揮者や首席級の奏者でも翌年以降、声がかからなくなる。

豊田が感じたものと同じものをNDRエルプフィルの事務局も感じていたのだろうか。その年の6月、ヘンゲルブロックが18年夏で首席指揮者を退き、後任にニューヨーク・フィルハーモニックの音楽監督を務めたアメリカ人指揮者アラン・ギルバートを起用すと発表した。さまざまな思惑が交錯する指揮者人事だけに、交代の真の理由はわからない。ただ、新ホールが完成したばかりのオーケストラは、自身の将来を新たな指揮者のタクトにゆだねたのである。

ベルリン・フィルvs.ロンドン響

ヴィンヤード型の代表格、ベルリン・フィルハーモニーを本拠地とするベルリン・フィルが新ホール、エルプフィルハーモニーで初めて演奏したのは、こけら落としから約四カ月後の2017年5月のことである。演目はブルックナーの大曲、交響曲第8番（ハース版）とイギリスの現代音楽作曲家サイモン・ホルトの小品。指揮は、当時の首席指揮者サイモン・ラトルである。

最初の本格的なヴィンヤード型ホールとして1963年に完成したベルリン・フィルハーモニーを本拠地とするベルリン・フィルが、21世紀に完成した別のヴィンヤード型ホールを初めて弾く。当然ながら豊田はその場に立ち会った。

サントリーホールともかかわりの深いベルリン・フィルにとって、豊田が音響設計を担当した新ホールの音響は興味津々だったようだ。ベルリン・フィルの公式ホームページには、エルプフィルハーモニーでの初演奏について、団員数人が感想をコメントしたページがある。その発言内容を紹介しよう。

〈ダニエル・スタブラヴァ（第一コンサートマスター）〉

新しいコンサートホールにはいつも多くの発見がある。どう見えるか、どう感じるか、そして何よりもどう響くか。リハーサルで少し弾いただけで、音響がすばらしいかどうかがわかります。ただ、さらに重要なのは、オケ全体で弾いたときにどう聴こえるか、響きがどのように広がるか、（演奏者が）自身の音をよく聴くことができるか、という点です。

こうした点でエルプフィルハーモニーは本当にすばらしい。ここでの演奏は心地よく、音響はすばらしい。しかしながら、それが聴衆にどう伝わっているか、あるいは、音響がホール内のどこでも等しくすばらしいのか、という点は演奏者の我々にはわかりません。ただ、ステージ上からはこのホールの音はすばらしいといえます。サイモン（ラトル）からは、「強めに弾きすぎているようだ」という警告を受けましたが、私の受け止め方は違います。聴衆にそのように聴こえることは新しいホールではよくあることです。新ホールには、壁や床に（銅の表面に出る）緑青《ろくしょう》、あるいは汚れといったものが必要なのです。そうすると、音もまた柔らかいものになるでしょう。

〈ラファエル・ヘーガー（打楽器奏者）〉

このホールの音響は美しい。聴衆は、どの席からでもすばらしいコンサートを楽しむことができるでしょう。ステージでも心地よく演奏することができます。聴きやすく見やすいのです。このホールの音はしっかりしていて、演奏に対して非常に率直なので、聴衆には、美しい音だけでなく、どんな小さなミスも聴こえてしまう。ほかのホールでは、演奏者の音を洗練させてくれるものですが、このホールはそうではありません。正直で直接的な音響をどう感じるかはともかく、このホールはハンブルクだけでなく、ドイツのクラシック音楽にとって偉大な資産だと思います。

〈ヴァルター・ザイファルト（クラリネット奏者）〉

サイモン・ラトルはリハーサルで、非常にすばらしい指揮をしました。彼は、我々ベルリン・フィルがもつブルックナーサウンドを新しいホールに適応させるために、音を長めに弾くことを求めたのです。そうすることによって、音が息づく余地をもたせたのです。エルプフィルハーモニーの音は極めて直接的なもので、ベルリンのホールで我々が慣れているような暖かみはありません。ステージが比較的大きいため、我々自身の音を聴くことが難しい。でも全体的な印象はもちろんすばらしいものです。

団員のコメントには、ある種の共通点がある。ホールのもつ響きが極めて直接的で、反応が速いこと。それは、ベルリンの本拠地（ベルリン・フィルハーモニー）に比べると、「暖かみのなさ」と感じられること。そして、ホールの音響が落ち着くまでに「銅の表面に緑青ができるように」ある程度の時間がかかるということ。「暖かみのなさ」については、批判とも取れるコメントだが、ある意味で豊田のつくるコンサートホールの特徴を言い表しているともいえる。ベルリン・フィルハーモニーのホールができた1963年と今では、録音技術も、人々が音楽を聴くスタイルも大きく変化した。LPレコードが主流だった当時と比べると、現代は、デジタル録音、しかも録音できる周波数の範囲もダイナミックレンジ（歪みが発生しない範囲での最大音量と、ノイズフロアに埋もれない最小音の大小の幅）も格段に広いハイレゾ時代になり、あらゆる細かい音がスピーカーあるいは、ヘッドフォン越しに聴きとれる時代である。そういう時代におけるコンサートホールの音響は、よりクリアで、すべての音が聴衆に聴きとれることが求められている、というのが豊田の考え方である。

「演奏に対して非常に率直なので、聴衆には、美しい音だけでなく、どんな小さなミスも聴こえてしまう」（打楽器奏者ヘーガー）というくだりは、まさにそのことを言い表しているといえないだろうか。豊田自身、開幕演奏の際、NDRエルプフィルの団員から、こんなことを聞いたという。「これまでのホールでも、演奏でミスがあると、どのパートで起きたかということはわかります。ここのホールでは、ミスがあると、どのパートのどの奏者がミスをしたか、ということまで、ほかの奏者にわかってしまう」

世界最高のオーケストラの団員から称賛のコメントを受けた豊田は、実は複雑な気持ちになっていた。彼の耳には、自分の知るベルリン・フィルの最高の音、アンサンブルが聞こえなかったのだ。その懸念は、約四カ月後に同じサイモン・ラトルの指揮でハンブルクに来たロンドン交響楽団の演奏と聴き比べることで、確信へと変わっていった。豊田の耳には、音響のバランスという点で見れば、ロンドン響はむしろベルリン・フィルよりも上回っていたのである。

ラトルは、2002年にベルリン・フィルの首席指揮者に就任し、伝統のドイツ音楽に加えて、現代音楽を積極的に取り入れるなど、新風を吹き込んだ。だが、13年に「64歳となる2018年（秋のシーズンを前）に退任する」と発表した（筆者注：ラトルが64歳になったのは19年の1月）。理由は明確に語らず、自身と同じリヴァプール出身のビートルズの曲「ホエン・アイム・シックスティ・フォー」（僕が64歳になっても）を引用して煙に巻いた。退任に先立って17年からは故国イギリスの名門、ロンドン響の音楽監督も兼任していた。

ベルリン・フィルの退任は、団員とのあからさまな不和など波風の立つものではなかったが、退任発表後の首席指揮者と団員との関係は微妙なものである。一方で、ロンドン響にすれば、ベルリンから凱旋した自国の英雄を迎えたところだ。未来に向かって進んでいく指揮者とオーケストラの前向きな関係が、演奏にも良い形で現れることは容易に想像できる。ベルリン・フィルとの関係、いってみれば過去の関係よりも。ラトルにとって、二つの楽団は、円満な離婚調停中の相手（ベルリン）と、新たなパートナー（ロンドン）といったところだろうか。

ラトルは2018年9月、ロンドン響との来日公演を前にロンドンで筆者のインタビューを受けた際、二つの名門オーケストラを比較して、こう語っている。

「ベルリン・フィルは、いい意味で互いに激しく競い合い、わがままな集団です。ドイツ的というよりは（長年、同オーケストラを率いた名指揮者）カラヤンの影響でしょう。ロンドン響は、18世紀中期から昨日書かれた曲まで幅広く関心をもっている。さまざまな奏法を熟知しており、とても柔軟です。すばらしい奏者たちですが、競い合う関係ではない。互いの関係がより柔らかく、人間的です。『自分たちは何て素晴らしいんだ。聴きたまえ』と思っている（ベルリンのような）オケではないが、音楽が何を意味するかを探究し、それに突き動かされるオケです」

指揮者とオーケストラの関係性、あるいは音楽づくりにおいて、彼が求めてきたのは、上下関係ではなく、民主的で親密な関係だ。誰の影響なのかについて筆者が聞くと、20世紀前半から半ばにかけて活躍したふたりの対照的な指揮者を挙げた。専制君主的な指揮者として知られるアルトゥーロ・トスカニーニ（1867〜1957）と、ナチス支配の欧州から逃れ、主にアメリカで活動したブルーノ・ワルター（1876〜1962）。
「私は常に、トスカニーニ型ではなくワルター型です。楽団員の面倒見がいい指揮者の音楽を好みます」

コンサート後のもう一つの響き

圧倒的なカリスマ性で団員を統率したカラヤン時代から、イタリア人指揮者クラウディオ・アバドを経てラトルへ。そして、ベルリン・フィルの団員は、ラトルの後任にロシア人指揮者キリル・ペトレンコを選んだ。ベルリン・フィルが持つ独自の音色や響きというものが、指揮者との関係性によって、または時代とともに変わっていくのはある意味当然かもしれない。

ラトルがベルリン・フィルを率いてハンブルクで演奏したのは、オケの方向性が微妙に変化している時期と重なった。その微妙な関係を豊田は演奏からも感じとったということなのだろう。それだけではない。豊田は、ラトルとベルリン・フィルとの微妙な関係について、日ごろの団員との付き合いのなかでも感じ取っていたという。

ベルリン・フィルハーモニーには、楽屋のなかに団員用のカフェがある。豊田はベルリン・フィルの演奏会に行くと、演奏の後、そのカフェに入り、知り合いの団員らとビールを飲みながら談笑することが多い。そんなとき、豊田が注目するのは、各楽器の首席奏者（プリンシパル）だけではなく、第二奏者だという。なぜか。

ベルリン・フィルは、団員が投票で首席指揮者を選ぶように、オーケストラの自主性、独立性が非常に強い。なかでも、ソリスト級の首席奏者は、良い意味でプライドが高く、指揮者のいうことよりも奏者側の自主性を重んじるという気持ちになりがちだ。ラトルからすれば、「自分たちは何て素晴らしいんだ。聴きたまえ」というタイプの演奏者たちと映る。

第一コンサートマスター（ヴァイオリン）を務めるダニエル・スタブラヴァの前述のコメントを思い出してみよう。「サイモン（ラトル）からは、『強めに弾きすぎているようだ』という警告を受けましたが、私の受け止め方は違います」

特に伝統のドイツ音楽などについていえば、団員らにとってみれば、指揮者以上にその曲を知り抜き、弾いてきたという自負がある。指揮者が、これまでと異なる解釈や奏法を求めたとしても、納得できるものでなければ、ただちにそれに応えるとは限らない。後任のペトレンコは客演した際にそうした団員らの挑戦を乗り越えたことで、団員らの信頼と尊敬を勝ち取り、ラトルの後任のポストを得ることになったのである。ベルリンに就任する前のラトルが、かつてそうだったように。

指揮者とのいい意味での競い合いに首席奏者が力を入れるとすれば、第二奏者は、そうしたやりとりを見ながら、オーケストラ全体のバランスを考えることを重視しているのではないか。名門オケの音色、響きは実は第二奏者によって保たれているのではないか、というのが、世界各地の名門オケの響きを長年、聴き続けてきた豊田の推論である。

そんな彼らと演奏直後にビールを飲みながら、その日の指揮者や演奏について率直な話を聞く。退任を控えたラトルと団員との微妙な関係や、ゴシップ的な人間関係も含めたオーケストラの状況をつかみながら、それが音響にどう影響しているのかに思いを巡らせる。いわば、演奏の背後にある真相、実相をつかむため、文字にできないオフレコ取材を頻繁に重ねる記者のような動きを長年、日常的に続けているのである。そう書くと、「究極の音響」という崇高な目的のために身を削っているように思われるかもしれないが、その姿を横から見ていると、義務感ではなく、心から楽しんでいるように見える。豊田にすれば、クラシック音楽そのものが好きだからというだけでなく、演奏家たちとの腹を割った付き合いが、この上ない楽しみなのだろう。

ラトルがエルプフィルハーモニーでの演奏の際、団員に伝えた「強めに弾きすぎているようだ」という警告は、実は、ベルリン・フィルのリハーサル演奏を聴いた豊田が、ラトル本人に伝えた感想と重なる。そして豊田は、ラトルのメッセージを団員たちがどう受け止めたかのフィードバックを演奏後、団員たちからも直接聞くのである。ハンブルクで

「最高のアンサンブルが聞こえなかった」という豊田の感想は、そこまでの「取材」を経た上での結論だった。

前章で示した建築家や指揮者との、仕事を超えた付き合い、人間関係の深さは、ベルリン・フィルの奏者たち、特に「第二奏者」たちとの間でも例外ではない。そして、音響設計家として、そこまでやろうとする人、実際にやっている人は、おそらく彼しかいないだろう。

その上で、豊田はこう考える。新ホールの音響について、指揮者、オーケストラがつかみきれていない完成直後の段階では、名門オケ、優れた指揮者であってもうまくいくとは限らない。むしろ、演奏に自信をもつが故に、響いていないという不安があれば、さらに弾きこもうとしてしまうこともあり得る。ベルリン・フィルのように世界トップクラスの楽団でも、それは例外ではない。

豊田は、30代半ばで音響設計の主担当としてかかわったサントリーホールがオープニングする前に体験した、あの「苦い記憶」を思い起こさずにはいられなかった。

「これはスキャンダルだよ。音が聞こえないじゃない」

豊田と知り合う前、音響といえば、ホールの残響時間の長さ、くらいにしか思っていなかった筆者にとって、指揮者の違い、あるいは指揮者と団員との人間関係によって、同じホールでも響きや演奏が大きく変わっていくことを実際に耳で確かめたことは、極めて興味深い体験だった。でも、読者からすれば、そこにはやはり何らかの技術的な裏付けがあると思うのではないだろうか。なにせ、豊田の仕事は、音響「設計家」なのだから。次の章では、それを探ってみたい。

第4章　音響は科学か、それとも天気予報か

明日は晴れで気温は25度。その翌日は雨で17度に下がる。そういったことが音響では起こり得る。

——ダニエル・バレンボイム（指揮者、ピアニスト）

特異な直感力

取材を重ねる上で、筆者が悩んだことがある。響きについて書く以上、「音響学」の基本的な知識についてもわかりやすく示すことが必要だと思い、「理論的なこと」「科学的な面」も聞こうとするのだが、豊田は必ずといっていいほど、「いや、そんなものはどうでもいいんじゃない。そうじゃなくても書くことはいろいろあるでしょう」などとかわすのである。「企業秘密」なのだろうか。そんな懐疑的な気持ちを抱いたこともある。彼を知る音楽家たちならば、豊田が答えないその「秘密」を知っているのではないか。そんな思いから、世界的指揮者でピアニストでもあるダニエル・バレンボイムに筆者がそのことを尋ねたのは、2018年5月のことである。長年率いてきたベルリン国立歌劇場の倉庫を室内楽用ホール「ピエール・ブーレーズ・ザール」に生まれ変わらせるプロジェクトが完成したのは前年の3月。音響設計を担当したのは豊田だった。そのホールで演奏を続けてきたバレンボイムは、豊田の音響を最も知る音楽家のひとりである。

――豊田泰久のつくる音響には、何かほかの音響設計家にはない秘密があるのではないでしょうか。あなたなら、その秘密を知っているのではありませんか。

「それが秘密だというなら、彼に聞かなければいけないね。秘密なら、彼しかそれを語ることはできないだろうから」

「我々がみな知っている音響に関する知識とは別に、彼は極めて特異な直感力を持っている。例えば、彼はオーケストラの団員がどこに、どう座るべきかについて、いつも極めて注意深く考えている。どのような種類の音をつくり出すかといったことについても、だ。その上で彼は、なぜ、あるオーケストラは非常に良い音響のホールにおいて、あまりいい音を出せないのか、別のオーケストラは、音響のひどいホールでもすばらしい音を出せるのか、ということがわかっている。つまり、彼はどのように演奏すれば、どのように響くのかという〈つながり〉がわかっている。それこそが彼の秘密なのだろう」

——それは通常なら音響設計家ではなく、指揮者がすべき領域ですね。あるいは、共同作業をするとか。

「そう。指揮者との共同作業をしなければならない。ピエール・ブーレーズ・ザールに行ったことはあるよね。あの音響は奇跡だ。ウィーン・フィルの団員が一昨日コンサートを開いたが、まるで天国にいるような響きだった」

「もうひとつ付け加えれば、何がいい音、音響なのかということについて、一致した意見をもつことは極めて難しい。誰もが違った考えをもっている。そのことについて彼は非常によく理解している。どういう音楽をつくれば、どういう音が鳴るのか。響きはどうなのか、といったことを含めてだ」

では、音響とは科学なのか直感力なのか。バレンボイムはこう語る。

「私は音響というものは完全には科学的なものではない、と思っている。（指揮者兼作曲家の）ピエール・ブーレーズも同じ考えだった。彼によれば、音響というのはテレビの天気予報のようなものだ。明日は晴れで気温は25度。その翌日は雨で17度に下がると。そういったことが起こり得る」

もし、音響が「天気予報」なら、ピエール・ブーレーズ・ザールの「まるで天国にいるような響き」は、偶然の産物ということになる。それとも豊田がつくるホールは、いつも「たまたま晴れ」なのだろうか。いや、決してそうではないはずだ。音響と科学との関係について、バレンボイムはこうも語った。

「でも、もちろん、完全な科学ではないといっても科学なんだ。豊田は、私の言おうとすることに同意しないかもしれないけれどね」

「彼は、音、音響というものは消えていくものだということについて極めてよく理解している。音を出す、エネルギーを与える。遅かれ早かれ、次第に消えていく。それは重力の法則のようなものだ。音とエネルギーの関係を彼はとてもよくわかっているのだよ」

ツィメルマンの実験

音響において科学とは何を意味するのだろうか。たいがいの人は、「音、音響というものは消えていく」「音とエネルギーの関係」というバレンボイムの説明から、「残響時間」のことを思い浮かべるのではないだろうか。筆者もそう思っていた。ところが、豊かな響きの代名詞としてよく使われる「残響時間」について、豊田はときに否定的ともいえるトーンで語る。では、残響時間以外に、数値的なもので響きの成否を決めるものがあるのだろうか。

実は、彼の音響設計に全幅の信頼をおくピアニストが、音響を「科学」しようとしていたことがある。

2015年の暮れ、東京にいた豊田の63歳の誕生日会が表参道の中華料理店で開かれた。友人の音楽関係者らを含む九人。そこに豊田を信奉する「特別なゲスト」が現れた。ポーランド出身の世界的ピアニスト、クリスチャン・ツィメルマンである。お祝いの高級シャンペン「ドン・ペリニヨン」を手にしてやってきた。

エルプフィルハーモニーのこけら落としの際、豊田に送ったお祝いのメッセージについては序章で触れたが、ツィメルマンは、豊田のつくるホールの音響に惚れ込んだ音楽家のひとりだ。

ツィメルマンは、響きにかかわるものについて、格別の興味と関心をもつ音楽家である。ピアニストが演奏する場合、ホールに備え付けのピアノを使うか、自分のピアノを持ち込むか、ふた通りの選択肢がある。後者は、手間もコストもかかるため、極めて稀なことである。

だが、ツィメルマンは後者だ。自分のピアノを持ち込むだけではなく、組み立てから調律まで自分でやらないと気が済まない。演奏する曲に合わせてピアノの音色を調整するために、ピアノ内部の弦を叩くハンマー部分に、特殊な化学薬品を染みこませることもあるという。欧州内の演奏会では、自分でピアノを積んだトレーラーを運転することも珍しくない。鍵盤などを自作することもある。

主たる住まいはスイスの都市バーゼルだが、毎年のように演奏会を開く東京にも、彼のピアノを置いた自宅がある。その自宅から近所に散歩でもするかのようにふらりと現れた彼と豊田の会話は、その場に同席した筆者にとって実に興味深いものだった。

東西冷戦さなかの1956年にポーランド南部の都市ザブジェに生まれ、75年の第九回ショパン国際ピアノコンクールに史上最年少（当時18歳）で優勝したツィメルマンがピアノという楽器の構造と音に特別にこだわるようになったのは、少年時代の体験にさかのぼる。父親は工場で働きながら、バーでピアノを弾いていた。決して裕福な家ではなかった彼は学生時代、ピアノの修理工場で小遣い稼ぎをしていた。ソ連の支配下で東側陣営に属したポーランドでは、世界最高峰のグランドピアノとして知られるアメリカのスタインウェイの修理部品を手に入れることが難しい時代だった。一方で、ショパンを生んだ国ポーランドには、第二次世界大戦前からのスタインウェイが多く残されていた。正規の部品を使わずにどう直すか。彼は親方と一緒にその修理に従事していたのだ。

親方は、目が不自由だった。それゆえ自分の靴底に金属を貼り、歩いたときの靴音から自分がどこにいるのか、周囲の状況をつかんでいた。コツン、コツン。そのとき親方の耳に入ってくる音は、金属が出す直接の音だけではない。まわりの建物などから跳ね返ってくる反射音もあった。自分のいる場所と建物との距離。広い道路の前か、狭い路地か。反射音からそうした周囲の状況をつかむため、親方は常に耳をそばだてていた。そのことを知ったツィメルマンは、自分の靴底にも同じように金属を貼り、街を歩いてみたという。しばらくすると、自分も目をつぶったままで周囲の状況がわかるようになった。音、音色、反射音。コンサートホールの音響に通じる鋭敏な感覚を少年時代から培《つちか》っていたというわけだ。

ツィメルマンは一時期、世界中を演奏旅行する際、ホールの音響を測定する装置を持参した。そして、リハーサルなどの時間に、その装置でホールの残響時間や、ホール内の場所ごとの音に関するデータを測定してみた。いいホールといわれるコンサートホールには何か共通する音響の秘密があるのではないか、と考えたからだ。

「結局、わかりませんでした。いろいろ調べてみたのですが……」

これがツィメルマンの答えだった。しかし豊田にとって、ツィメルマンの話は意外なものではなかったようだ。なぜならば、「音響の良さは数値では表せない」というのが豊田の持論だからである。

残響時間の神話

良質なホールの指標として、メディアなどでよく引用されるのが残響時間だ。では、残響時間とは何か。

技術的に説明するならば、「音源が発音を止めてから、残響音が60dB（デシベル）減衰するまでの時間」となる。「60dB減衰する」とは、いいかえれば、聞こえる音のエネルギーが100万分の1まで小さくなることである。ホールのなかでパーンと手を叩いた音が、だんだん減衰してほぼ聞こえなくなるまでの時間、といえばわかりやすいだろうか。同じホールでも空席時と満席時では数値が異なり、満席時には短くなる。聴衆の衣服などで吸音されるためだ。

残響が長いホールといえば、例えばヴァイオリンなど弦楽器の音が響き合い、余韻が長く続くようなイメージが一般的ではないだろうか。だが、「ホールの良さは残響時間で決まるわけではない」と豊田は言う。

実際、彼が手がけたコンサートホールの残響時間はさまざまだ。ベルリンのピエール・

ブーレーズ・ザールは1・7秒（満席時、500Hz、以下同）。ハンブルクのエルプフィルハーモニーは2・3秒。フィルハーモニー・ド・パリは2・6秒。ソウルのロッテ・コンサートホールは2・7秒といった具合である（数値は、永田音響設計HPのデータによる）。

上記の数値からもわかるように、一つのホール内では、残響時間はどの場所でも同じである。指揮台正面の席でもステージの上でも、あるいは一番後ろの席でも数値は変わらない。ところが、コンサートホール内の位置によって、音響は変わる。どの席でもまったく同一な音響を得られるなら、コンサートホールの座席の値段は〝視覚だけの違い〟ということになるが、実際はそうではない。ここに残響時間だけでは語れない、音響の謎が隠されている。

音楽ホールの音響について、メディアが残響時間に注目するようになったのは、大阪市に1982年に完成した「ザ・シンフォニーホール」（音響設計：石井聖光《きよてる》・東大名誉教授）の影響が大きいのではないかと豊田はみる。日本初のクラシックコンサート専用ホールとしてつくられ、「残響2秒」がこのホールの代名詞になったからだ。

数値で示すことができる残響時間は、ホールの音響の良さを具体的に示したいメディアにとって、わかりやすい指標であることは間違いない。ザ・シンフォニーホールと東京のサントリーホール（1986年）という東西のクラシック音楽専用ホールができる前まで、日本の演奏会の多くは、残響時間が比較的短い多目的ホールがその会場となっていた。多目的ホールの残響時間は、通常1秒台だ。残響時間が長いと、講演会などの催しでは、風呂場のような音響になってしまうからだ。

残響2秒台の音響は、それまでの日本のホールにはない響きだった。ザ・シンフォニーホールのホームページでは、開館から三十八年以上経た現在でも「残響2秒の軌跡」と題し、残響2秒を「音響基準の究極形」と強調している。

一方、サントリーホールの音響的特性には「余裕のある豊かな響き」「重厚な低音に支えられた安定感のある響き」「明瞭で繊細な響き」「立体感のある響き」の四点が、設計時の目標として掲げられた。「満席時の中音域の残響時間は2・1秒」となっているが、ホームページなどを見てもそれをことさらに強調した表現はない。

サントリーホールを担当するまで、ホール設計のクライアント（依頼主）はほとんど役所です。役所というのは、市民会館などのホールの管理者で使用者ではない。担当者というのは自分の任期が終われば代わってしまう。音楽が好きな人ばかりでもない。そういう人にとって、残響時間は相手に要求する項目として使いやすい。目標があれば、それをクリアすればOKとなりますから。

ところがサントリーホールは、クラシック音楽専用の特別なホールでクライアントは民間企業（サントリー）なわけです。サントリーに、残響時間はこれくらいがいいんじゃないかと話すと、ああそうですか。それで結構です。おたくがいいならそれでいい、となる。彼らが要求したのは、「ワールドクラスのコンサートホール」。もう至って簡単な言い方なんです。そうなると、ワールドクラスとはなんぞや、いい音響とはなんぞや、というところから出発しないといけない。それよりも残響時間をコントロールする方がよほど楽なんです（筆者注：ザ・シンフォニーホールのクライアントも民間企業で、大阪のテレビ局朝日放送〈ABC、現・朝日放送グループホールディングス〉が発注した）。

豊田が音響設計したホールだけでなく、欧州の有力ホールの残響時間もかなり異なる。1992年、カーオーディオメーカーの富士通テン（当時、現・デンソーテン）が欧州の主要ホールの残響時間を調べたデータがある。それによると、ベルリン・フィルハーモニーは2・07秒。同じくベルリンのコンツェルトハウスは2・70秒。ウィーン楽友協会は3・27秒となっている（いずれも500Hz）。世界屈指の音響として知られる楽友協会の残響の長さは、2秒とは大きくかけ離れている。「残響2秒」と「いいホール」が必ずしも一致しないことがわかるだろう。

あげくのはてにサントリーの人が言うことには、「ああなるほど、残響時間というのは、ウイスキーのアルコール度数みたいなもんですなあ」と。これはうまいことを言うなあ、と。それ以来、その説明を使わせてもらっています。43％で最高のウイスキーができましたと言っても誰も信用しないでしょう。じゃあ35％、いやそれではウイスキーじゃない。やっぱり43％とか44％とかじゃないと。50％といわれてもちょっと困る。多すぎても少なすぎてもだめで、だいたいこれくらいと。それが残響時間なのです。「残響が2秒だからいいホール」と言うのは、「度数が43％だからいいウイスキー」と言うのと同じことなんです。では、何がいいウイスキーか。実際には「コクがあって……」みたいな話になる。「数字ではどのように表せるんですか？」と聞けば、「いや、質の問題だから」、となるんです。

豊田によれば、「クラシック音楽に適したコンサートホールが持つべき残響時間の幅というものはある。その範囲内でなければ、そもそもコンサートホールとは呼べない」。つまり、ある程度の残響時間がある、というのはいいホールが備えるべき「必要条件」ではあるが、それを単に満たしていればいいホールになる、というわけではないのである。

音響設計家の領域

豊田の師である永田音響設計の創始者永田穂（元社長）は、最適残響時間について「室（部屋）の使用目的、周波数、室容積などによって異なる」とした上で、「同じ音楽でも大きな室では小さな室よりも長めで、目的別には、教会、コンサートホール、オペラ劇場、講演を主とした講堂の順に短くなっている」と説明している（『建築音響〈音響工学講座3〉』（コロナ社）による）。

例えば同じ声楽でも、荘厳な宗教曲には残響の長い大聖堂がふさわしいかもしれないが、せりふの多いオペラでは、あまりに残響が長ければ、聞き取りにくくなる。あるいは交響曲でも、小編成のモーツァルトと大編成のブルックナーでは、曲が求める「響き」が異なってくる。サントリーホールなどに比べて残響時間が満席時で1・5秒とやや短めの東京文化会館についても、「オペラの演奏会場としては非常に優れている」と欧米の有力オペラハウスのコンサートマスターが筆者に語ったことがある。

話を戻そう。豊田によれば、音響のすばらしさと「残響」の長さは必ずしも一致しない。では、多くの聴衆が「残響」のせいだと思っている音響のすばらしさとは、一体何を意味するのだろうか。ピエール・ブーレーズ・ザールが完成した2017年3月、ベルリンの市庁舎で豊田が在留邦人らを相手に講演したことがある。そこで彼は、「残響時間イコール音響のすばらしさ、ではない」という持論について、極めてわかりやすく説明している。発言を引用しながら、そのエッセンスを紹介しよう。

一般的な建築設計と音響設計がどのように違うか。建築設計は見た目のデザイン、視覚的なことが主になるのに対し、音響設計は音響だけを扱う。ホールでどういう風に音が聞こえるかということをデザインするのがその仕事だ。

クラシック音楽のホールの音響とは、増幅なしにその空間に広がる室内音響（ルーム・アコースティクス）であり、マイクを使ってスピーカーから音を出す電気音響設計とは異なる分野である。

音響設計では何が重要とされるのか。豊田によれば、答えは二つしかない。一つ目はホールの形、すなわち長さや大きさだ。もう一つは材料である。木なのか、ガラスなのか、あるいは金属を使っているのか。材料はホールの壁の表面だけではなくて、その裏の構造も重要になる。見た目は重厚だけれども、実はすごく薄い壁だというのでは困る。どれくらいの厚みでその裏がどういう構造なのかが最も重要になる。豊田は説明する。

ホールの形と素材について話しましょう。音響にとって極めて重要であるにもかかわらず、ホールの形と材料は、建築家がデザインするものです。つまり、役割分担としては建築家が携わる部分なんですね。でも、実際にはホールを設計するにあたって、ここは建築家がやりますよ、ここから先を音響設計家がやってください、とは分けられない。すべてにおいて形と材料が関係してくるわけですから、建築家にとっても音響設計家にとっても、この二つは１００％重要なんですね。

そうなると、我々音響設計の仕事とは何なのか。それは、建築家と協力して相談を重ねながら答えを一つに絞り込んでいく、ということに尽きると思います。例えば天井の高さ。音響的には高くしたい。でも建築家としては低くしたい。ならば、両者がとことんまで歩み寄る。部屋の幅も同じです。ですから議論に次ぐ議論になります。相談しなければならないことが、無数に出てくるわけです。

豊田によれば、音響設計家である自分が設計の図面を引くことはない。それは建築家の仕事であり、その領域を侵すことになるからだ。所属する音響設計の会社、永田音響設計にも建築家、建築士の資格を持った者はいるにはいるが、彼らが設計の図面を引くことはない。あくまでも、プロジェクトは外部の建築家と組んで進めていく。これが、音響設計家の基本であるというわけだ。

響きの正体

世界には音響の優れた名ホールがある。中でも最高峰といわれているのが、ウィーン・フィルの本拠地として知られるウィーン楽友協会（ムジークフェラインスザール）だ。このホールは、長方形の箱、シューボックス型になっている。完成したのは１８７０年。日本でいえば、明治維新から間もないころだ。

それから30年後の１９００年にアメリカのボストンにできたシンフォニーホールは、現在もボストン交響楽団の本拠地として使われている。このホールも典型的なシューボックス型になる。

もう一つ、コンセルトヘボウというホールがオランダのアムステルダムにある。188年にこけら落としし、ロイヤル・コンセルトヘボウ管弦楽団の本拠地として使われている。このホールのステージは、ウィーンやボストンに比べると少し横の幅が広い。それでも観客席の基本的な形は長方形の箱型になる。この三つは世界三大ホールと呼ばれ、音響のいいホールとして歴史的に有名だ。

では、なぜ1800年代の後半から1900年ぐらいにいいホールができて、その後は続かなかったのか。ホールの理論や研究は進んでいるのに、逆にいいホールができないのはなぜなのか。これについて豊田は分析する。

答えは簡単です。いいホールが残された、ということです。当時から現在までたくさんのホールがつくられています。そのうち音響のいいホールは大切に扱わなければいけない。楽器と同じで、ストラディヴァリウスというヴァイオリンの名器がある。なぜいい音がするのかは解明できていない。ですが、結果的にいいものは残さないといけない、ということで時代ごとに大切に継承されている。

あえて別の理由をいえば、シューボックスは普通の部屋の箱の形をしている。ただ、当時の技術では、ホールの構造をこれ以上幅広くできなかった。現代の技術ではもっと幅の広いホールをつくることができますが、当時はこれが最大限に幅の広いホールだったのです。つまり、それほど大規模なホールではない。それが結果的に音響のいいホールができる要因の一つになったのです。

同時代に数多くつくられたコンサートホール。その中で、音響がいいという評価を得たホールだけが時代を超えて残り、そのほかは取り壊された。もちろん、これらのホールに匹敵する名ホールが、火災や戦災などで失われたこともあるだろう。いずれにせよホールの長命の条件に音響の良さがあることは、コンサートホールの本質を端的に示している。

豊田の説明で聞き逃すことができないのは、舞台の幅に関する部分である――現代の技術ではもっと幅の広いホールをつくることができるけれども、当時はこれが最大限だった。だが、それがいい音響のホールを結果的に引き寄せたのだ、と。20世紀にもシューボックス型のホールは各地につくられたが、それが必ずしも名ホールにはならなかったのは、建築技術の進化で横幅の広いホールをつくれるようになったからだ、というのだ。

では、なぜ横幅の広いホールの音響はよくないのか。それは、ツィメルマンが試した金属の靴底と関係する。

ホールで短い音をポンと出して、その反射音をマイクロフォンで拾ってみる。手を叩くとそれを最初にマイクが拾う音、それが直接音だ。それとは別に、直接音に続いて天井や床、壁などいろんなところを回り回って返ってくる反射音がある。

横軸に時間、縦軸に音のレベルでこれらを数値化すると、波形のグラフになる。最初の直接音からどんどん反射が繰り返されていき、その都度少しずつ音が吸収されてだんだん消えていく。

反射音のうち重要なのは、直接音の後だいたい80ミリから100ミリ秒まで、すなわち0・1秒以内に届く速い反射音である。日本語で「あっという間」という言葉があるように、「あっ」というのがだいたい0・1秒。ここまでの反射音を初期反射音と呼ぶ。残響音と反射音について、豊田はこう説明する。

残響とは響きの残像。響きが重なって降ってきます。ところが、一つひとつの反射音になると、人間の耳には、別々に聞こえるわけではないのです。パパパパッというふうに、分かれては聞こえずに全部一つになって聞こえているのです。例えば、ヴァイオリンの直接音はどんな部屋でも同じになる。ところがこの初期反射音は部屋によって、場所によって構造が変わってくる。建物の外と中でヴァイオリンを弾くと、音質も音色も、もちろん音の大きさも変わってきます。実はわれわれは、これを分析して設計しないといけない。ヴァイオリンの音がいい悪い、大きい小さい、遠い近い。これはすべて、初期反射音が支配しているんです。

マイクロフォンで録音すれば、残響音と初期反射音は、それぞれ別のものとして波形に表れる。ところが、人間の耳は直接音と初期反射音を別々に聴いているわけではない。直接音と初期反射音が一緒になったものを「響き」として聴いている、というのが豊田の解説だ。

残響時間の長短は、吸音や、室の大きさ（室容積）を調整することで調節できます。では、初期反射音はどのようにコントロールすればいいのか。それは「ホール室内の形」によって決まるのです。

19世紀の名ホールに合わせて説明してみましょう。これらのホールはいずれも、ステージの幅が狭い長方形のシューボックス型です。そうすると、聴衆と壁との距離が近いため、初期反射音は、直接音からの遅れが少ない。「あっという間」に相当する時間内に直接音と初期反射音がまざりあい、豊かな音響になるというわけです。

一つのホール内の残響時間はどの席でも変わらない。座る場所によって変わるのは、初期反射音である。前述のように、作曲家で音楽評論家の諸井誠は、サントリーホールの完成直後、さまざまな席に座って、音響を確かめた。そこで諸井は、「一階の平間より、壁際や二階の方がいい」と判断している。つまり、彼が聴き比べていたのは、初期反射音を含む響きだったのだ。壁から遠い一階席の平間は、同じホール内でも初期反射音が遅れてやってくる。一方、壁際や、小さな壁に囲まれ天井にも近い二階席では、より豊かな初期反射音が残響とともに降ってくる。諸井は、そうした響きの違いを聴き分けていたということになる。

ツィメルマンや彼の親方が周囲の状況を知るために聴き分けていたのも、そうした反射音である。ツィメルマンのように特別に耳のいい音楽家ならば、混ざり合った直接音と初期反射音を、因数分解でもするかのように脳内で聴き分けることができるのかもしれない。

二律背反の追求

音響のいいホールとは何か。豊田の説明によれば、残響と初期反射音が豊かに混じり合ったホールである。その一つの理想形はまさに、18世紀後半の横幅の狭いシューボックス型のホールなのである。では、18世紀後半の名ホールと同じ形のホールを3Dプリンターのように模してつくれば問題は解決するのだろうか。「そうはいかない」、と彼は言う。

楽友協会の座席数は約1600。かなり窮屈な設計だ。もし、現代のホールとして設計すれば、防災対策上のスペースなどを取る必要があり、1000～1100席くらいにしかならない。そうすると、コンサートで満席になっても、十分な採算が取れないということになる。たくさんの観客を入れるにはどうするか。シューボックス型の場合、幅を広くする。奥行きを長くする。あるいは、バルコニー席を増やすなどの方法がある。

ホールの幅を広くすると、側壁から来る初期反射音はどうなるだろうか。壁に直接音が到達する時間とそこから反射する時間が余計にかかるだけに、反射音も遅れてくる。

いい音響を保ちながら、客席数を増やすという二律背反の目的を達するために、シューボックス型とは違うやり方を模索したらどうなるか。それが、1960年代の半ばに完成したベルリンのフィルハーモニーだった。ステージの周りを360度、客席が囲む。ぶどう畑のようなホール、ヴィンヤード型は、従来の音楽ホールとはまったく異なる革新的な構造を持っていた。その形状は、サントリーホールにも受け継がれた。客席数はウィーン楽友協会の1600席に対し、2300席。ステージから客席が扇状に広がり、楽友協会に比べて横幅も広い。では、このホールでは、どうやって初期反射音を得ているのだろうか。豊田は言う。

楽友協会の音響で重要なのは横幅が狭いこと。その幅を広くすると、初期反射音がどんどん遅れて、効果がなくなってしまう。それを防ぐために、ベルリンのフィルハーモニーでは客席をグループに分けて、席の近くにたくさんの壁をつくったんです。この壁が、初期反射音を得るためにとても役立っているというわけです。こういう壁をつくることがヴィンヤード型の音響づくりの基本になります。

客席をグループに分けてその周りに小さな壁をつくり、初期反射音を確保する。その手法は、豊田が手がけたヴィンヤード型のコンサートホールにも受け継がれている。サントリーホール、札幌コンサートホールKitara、そしてロサンゼルスのウォルト・ディズニー・コンサートホールなどがその代表例であるのは前述のとおりだ。

とはいえ、初期反射音を確保すればいいわけではない。このような知識は、音響設計に携わる人なら、誰でも知っている基本中の基本である。その先をどうするかについて、まさにそこに豊田ならではの技法と経験がある。特に、シューボックス型に比べて複雑な形態となるヴィンヤード型の場合、コンピューターの発達が相当な助けになる。

パソコンが一般的に広まったのは、基本ソフト（OS）にウィンドウズ95が導入された1995年ごろからである。その後の数年でホール設計の技術は飛躍的に発展したという。


80年代のサントリーホールから2000年代のウォルト・ディズニー・コンサートホールの間に大きく進展したのは、やはりコンピューター技術です。音響のシミュレーションがよりやりやすくなった。医者にたとえれば、聴診器からレントゲンのX線くらい。さらに進んで、近ごろでは、MRI（磁気共鳴画像）検査の輪切りくらいのレベルでわかりやすくなってきた。医者の判断にすごく信憑性が出てきた。客観的にわかることが多くなったのは確かです。でも、それですべてが完璧にわかるかというと、決してそうではない。こうしたシミュレーションでわかるのは病気、つまり悪い音であって、健康であること、いい音響であることというものは、なかなか数値には出てこない。医者がMRIで診たからといって、あなたの健康度は80%です、とはならないのと同じです。

新たなホールをつくる際、10分の1の模型をつくり、音響テストをすること、そのテストを通じて不要なエコー（ロングパスエコー）の有無を確認することは、第3章で触れた。その際、模型のステージから出す音は、人工的で非常に短い音（インパルス）である。これが、直接音と初期反射音、残響音となって重なりあい、座席の位置ごとに異なって伝わる。その波形を記録したもの（インパルス応答）は、音響を診断する上で、いわば医者にとってのX線、MRIにあたる。

医者でない人がレントゲン写真を見てもわからないのと同様、その読み方には経験が必要です。天井の最適な高さはどうするか。幅を広げるか、狭めるか。ホール全体の反射音の分布を見たときに、より均一になるにはどうするか。ムラのない音であっても、反射音の密度が薄くなってはいけない。そのどちらを取るのか、という議論になります。シミュレーションのパターンから、違いをどう読み取るか。まさにX線やMRIをチェックする医者のようにね。そこは経験から見るしかない。実際のホールで、どのような音、響きがするのかは、オケが演奏してみないとわからないのです。

わからない、といいながら、豊田のつくるホールの音響が多くの音楽家を魅了するのはなぜか。音響設計家として、「波形」を読むだけではない何か、優れた響きかどうかを見極める何かがあるのだろう。それが、バレンボイムの言うところの「極めて特異な直感力」、あるいは、「どのように演奏すれば、どのように響くのかという〈つながり〉」なのではないか。その具体例を紹介しよう。

新ホールでの〝蓋なし〟ショパン

２０１７年１月10日、ハンブルクのエルプフィルハーモニーのオープニングを翌日に控え、会場でリハーサルに立ち会っていた豊田に、ベルリンから連絡があった。ベルリンの新ホール、ピエール・ブーレーズ・ザールの開幕を二カ月後に控えたバレンボイムからの電話だった。「新ホールのリハーサルに立ち会ってほしい」

アルゼンチンでロシア系ユダヤ移民の家に生まれ、イスラエル国籍を持つバレンボイムは、パレスチナ人の作家故エドワード・サイード（１９３５〜２００３）と親交を結び、パレスチナを含むアラブ各地とイラン、そしてその両者と対立するイスラエルから若手音楽家を集めたオーケストラ「ウェスト＝イースタン・ディヴァン」を主宰する。新たにできるこのホールは、ふだんは室内楽や現代音楽の公演会場として使われるが、座席の一部を収納してスペースを広げると、オケの練習場としても使うことができる。音楽による和解、共存を試みるバレンボイムに共鳴する建築家フランク・ゲーリー（彼は、ユダヤ系カナダ人である）が無償で建築設計を担当し、ゲーリーとのつながりの深い豊田が音響設計者に選ばれた。

ホールの元の形は長方形だが、ホール空間の中心部に、楕円形の床があり、床自体がステージになっている。その周りを600人分の客席が360度、囲む。

通常、新たなホールのメディア取材が認められるのは、ホールが完成し、初公演の演奏会が開かれるときになる。しかし、音響設計家、とくに豊田の場合、完成してからオープニングに至るまでの間に、指揮者、演奏家と綿密にリハーサルを重ね、彼らの意見や質問に耳を傾けたうえで、アドバイスをする。そうした共同作業によって、新たな空間での新たな響きを演奏者とともに探すのである。それを見ることができる機会はめったにない。しかも、相手は巨匠バレンボイムなのだ。どのようなやりとりをするのか、同行した筆者にとっても興味津々だった。


ハンブルクからベルリンまで高速鉄道で駆けつけた豊田がホールに入ると、バレンボイムが振り向きざまに両手を広げて歓迎した。「彼がこのホールの音響を設計したトヨタだ」と紹介すると、ホールを本拠地にする室内楽団ブーレーズ・アンサンブルの団員らが拍手で出迎えた。

リハーサルはほとんど終わっていたが、豊田を呼んだ理由は、楽器の配置についてのアドバイスを求めるためだった。

楕円形のステージでピアノ独奏をする際、どこにピアノを置くべきか。楕円の重心にあたる中央、中心部分、その上または下、あるいは、横に広がる楕円の両端など、演奏するポイントはいくつか想定される。演奏する場所によって、響きは異なってくる。そのテストを豊田とともに進めたいというのがバレンボイムの意向だった。

バレンボイムが豊田に言った。「モーツァルトのピアノ協奏曲を何度もやっているが、どうも、いい音がしない」

若手ピアニストを使い、ピアノを中心部、両端に置いて、音響を試し始めた。ピアノの場合、同じ場所でも鍵盤の向きを楕円の短辺に合わせるか、長辺に合わせるかで音は変わってくる。

「今度は、ちょっと大きな音の曲をやってくれ」。バレンボイムがそう指示を出すと、若手のピアニストが、チャイコフスキーのピアノ協奏曲第1番の独奏部分を弾き始めた。

「うーん、ピアノはあの場所がベストポジションだ」

バレンボイムの結論はピアノを楕円の中心部に起き、鍵盤は長辺に平行な形で置くというものだった。豊田が応じた。「インティメート（親近感がある）で暖かみのある音がする」

これで結論が出たはずだった。ところが、そのとき、豊田から意外な提案があった。

「ピアノの蓋《ふた》をはずして演奏してみてはどうだろう」

シューボックス型にとどまらず、ヴィンヤード型のホールでも、ピアノの弦を覆う蓋は正面の聴衆に音が向かうよう斜めに開けられているのが普通だ。それを外せば、音の広がりはホール全体に向かう。演奏するピアニストにとっても条件は大きく変わるはずだ。普通のピアニストであれば、「それは難しい」と難色を示しても不思議ではない。

バレンボイムは違った。即座にこう言った。「やってみよう。とってみてくれ」

内部の弦がむき出しになったピアノを客席から見下ろす。一体どんな音になるのか。聴くだけでは、がまんできなくなったのだろう。興に乗ったバレンボイムは、客席からステージに降り、今度は自らピアノを弾き始めた。演奏したのは、ショパンの「幻想曲へ短調作品49」の冒頭部分。そして、ベートーヴェンのピアノ協奏曲第5番「皇帝」の冒頭部分。繊細さの問われる前者と、力強い響きを持つ後者を自ら弾き比べて、音響を探ったのだ。

豊田の反応は速かった。「バランスがよくなったと思う。蓋なしの方が好きだ」

バレンボイムが満足げにこう応じた。「さらによくなった」

なぜ、とっさにそんなことを思いついたのか。豊田は、あとでこう解説した。


ホールの天井自体がピアノの蓋の代わりになるのではないかと思いました。ピアノの音が広がり、ホールの天井から降りてくるのです。

開館からちょうど一年になる2018年3月、バレンボイムは自らピアノと指揮を弾き振りした記念演奏会でもピアノの蓋を外したまま演奏していた。豊田が伝えた「直感」は、一年間の演奏を経て、バレンボイムにとって「確信」になっていたのだ。

18年5月に筆者がベルリンでインタビューした際、バレンボイムはこのときのことを語っている。

「彼はとてもいい直感力を持っている。ブーレーズ・ザールの開館前、彼は私にこう言った。『このホールではピアノの音は、蓋なしの方がいい響きになると思う』とね。彼の言うとおりだった。通常のホールの舞台なら、ピアノの蓋を聴衆に向けて開く形にする。聴衆の方向に音を届けなければいけないからだ。ところが、このホールでは聴衆は360度ステージを囲んでいる。だから音に方向性を与える必要がない。ピアノの音は天井に当たり、そこからホールに均等に広がっていくのだ、と」

長い歴史をかけて培われたコンサート会場でのピアノの置き方とまったく異なるやり方を瞬時に見いだし、それを世界的な指揮者、ピアニストに伝える。豊田の直感的な提案は、バレンボイムにとってもよほど印象深かったのだろう。

ふつうならありえない提案を受けて、バレンボイムは即座に自分で試し、それを自分の耳で判断した上で採用した。現実では不可能に近い中東和平を音楽の世界で目指すなど、型破りの柔軟性と実行力をもつ彼だからできたともいえるだろう。ステージで奏でたピアノの音、その響きがホール空間でどう広がっていくのか。このとき、豊田が頼りにしたのは直感力であって、数値的なデータではない。いい響きかどうかを聴き分けるのは「自分の耳」なのである。よりいい響きを探し求めて、意気投合するふたりのやりとりをそばで聴きながら、筆者には不思議な思いがした。演奏場所の違いによって、響きが「よりよくなった」という判断が実感できなかったのである。よりいい、と言われれば、そう思えなくもない、という程度である。ましてやその違いを言葉で示すことなど、まったく不可能なことだった。豊田にはそれができる。ただ、ピアノの蓋を外したときには、響きの方向性が大きく変わるので、筆者にもその違いがもう少しはっきりと実感できた気がする。

「音は空気よりも軽いのです」

ピアニストとしてのキャリアを指揮者に転じても維持し続けるバレンボイムにとって、音、そして響きへのこだわりは、並外れたものがある。その一つの事例が音響テストに使われたピアノだ。ステージ上には、コンサート・ピアニストの定番として知られるスタインウェイのほかにもう一台あった。鍵盤のすぐ上に書かれているメーカー・ブランド名には、「BARENBOIM（バレンボイム）」とある。2015年に、彼自身が開発にかかわった「革命的なピアノ」である。通常のグランドピアノと異なり、内部で弦がX状に交差せず、平行に並んでいるのが特徴だ。弦が交差することで生じる音の濁りをなくし、理想の響きを得ようとしたものだ。

響きへのこだわりはピアノだけにとどまらない。音楽監督を務めるベルリン国立歌劇場は、2010年から約七年をかけて建物の全面改修に踏み切った。その主な目的は、歌劇場内部の音響改修だった。天井高を上げるなど、室内の空間を変えて音響の改良を試みた。バレンボイムによれば、改修後、残響時間は1・6秒から1・9秒に変わったという（繰り返すが、残響の長さイコールいい音響、ではない）。工事の前後で、外見上の目立った違いは天井高くらいしか気づかないが、総工費は、4億ユーロ（約520億円）を要した。それほどまでの時間と費用をかけてでも、響きを変えたかったのである。ちなみに、その改修は、コンペの対象がドイツの業者に事実上限られており、豊田は手がけていない。

豊田の案内でピエール・ブーレーズ・ザールのホール内部を見せてもらうと、ふつうの人ならば気づかないであろう音響上の工夫も知ることができた。バルコニー席と、その後方にある通路を遮るようにみえる何げない壁。外見上は壁に見えるものの、その部分は音を通す材質、構造になっているという。

たとえれば、大きさは異なるが、ホールの音響にかかわる壁とは別に、その手前に、スピーカーにかぶせる「スポンジ」カバーのようなものを置いたといえばいいだろうか。ステージの音は、この壁を通って、実際に音が反射、反響する別の壁に当たる。こうすれば、建築家がデザインした外観が、音響上の特性に合致しない場合でも、理想的な響きに近づけられるのである。実は、パリのフィルハーモニー・ド・パリにも「音を通す壁」がある。建築設計と音響設計のはざまで、豊田がいかに建築家を説得しているか、工夫の一端を知ることができた。

大きさの異なるエルプフィルハーモニーとピエール・ブーレーズ・ザールだが、あえて共通点を挙げれば、客席が後方ではなく、上方に伸びる形でステージを包み込む形になっていることだろうか。どちらもバルコニーのせり出しが少ないため、バルコニー下に隠れる空間がほとんどない。バルコニーで上が覆い被さる形になるバルコニー下にある座席では、響きがよくないことが多い。豊田によると、天井からの反射音が届かないからだという。バルコニー下の席がないかわり、客席はステージの後ろにではなく、上へと伸びている。どの客席からもステージは近く、聴衆は、ステージを見下ろしながら、上へとあがってくる音の豊かさを楽しむことができる。

当時、筆者からの質問に、豊田はこう答えている。

――既存の建物の中にコンサートホールをつくるという例は、2012年のイタリア・クレモナのヴァイオリン博物館でもありましたね。その経験は今回に活かされていますか。

ステージの周りを聴衆が囲んでいるというコンセプトは同じです。我々（音響設計）はそれを推した。フランク・ゲーリーもウォルト・ディズニー・コンサートホールで聴衆と演奏者との親密な空間をつくってきたから、その良さがわかっています。四角い箱の中に楕円形のステージと客席のバルコニーがある。その楕円形のコーナー（四隅）のところが空いている。空いているというのはそこに空間があるということです。音響的には、シューボックス型と同じです。普通そういうホールはあまりない。バルコニーが宙に浮いている感じで、音響的には面白いと思う。そうすることで、音がバルコニーによって遮断されないのです。普通のホールのように、バルコニーの下が深い形だと、その部分の座席の音が悪くなる。今回の形だとそれを防ぐことができるのです。

――今後のプロジェクトを進めるときに、このホールについて、特徴などをどう説明しますか。

演奏者が、聴衆と親近感、一体感をもてる空間で演奏できるのが、このホールの刺激的なところ。それにつきます。上から見下ろす感じは、パリのラジオ・フランスのホール、オーディトリウム（筆者注：フィルハーモニー・ド・パリとほぼ同時期に豊田が音響設計をしたもう一つのホール。仏ラジオ局「ラジオ・フランス」本社ビル内にある）の上の階の感じにも近い。個人的にもあの角度で上から見るのが好きです。音は床から反射して上がってくる。個人的には舞台を見下ろすバルコニー席の方が好きなんです。ステージから遠いバルコニー席の方が「安い席」というイメージがあるかもしれません。「上の席が思ったよりもいい」となるのは、そのせいかもしれませんね。

開館前のリハーサルで、バレンボイムも同じことを感じていたようだ。「ホール音響の数学的な構成は完璧だ。シューベルトやハイドンの協奏曲を練習した際に、客席の上の方を歩いてまわったが、どこの席でもまったく同じように聞こえる」と豊田に伝えた。

それを聞いた豊田は、「音は上にあがってくる。上の客席の音響はまったく心配していません。うまく行くことはわかっています。むしろ、心配なのはステージに近い下の方なのです」と、自信ありげに答えた。

コンサート会場のチケットは通常、ステージから適度に離れた中央の席が最も高く、そこから後方、あるいは左右に行くほど、安くなる。二階席、バルコニー席は、正面なら最高額またはそれに近いが、左右になれば、一階席よりも安価になることが多い。

ところが、彼の「耳」によれば、「上になればなるほど良い」というのである。豊田は、ステージ上の音について、常々、こう冗談めいて語っている。「音は空気よりも軽いのです」

当時、ロンドンに住んでいた筆者は、その後、音響があまりよくないといわれているロンドンのホール、バービカン・センター上階の左端の席で聴いてみた。その日の演奏は、サイモン・ラトル指揮、ロンドン交響楽団のベルリオーズ「幻想交響曲」だった。ロンドン響の定期演奏会のチケットは、通常では最高額が40ポンド（約6000円）だが、その席は15ポンド（約2300円）である。驚くべきことに、そこで聴いた響きは、これまで選んでいた一階中央部の高額の席よりもはるかによく感じられた。なぜ、中央でなく端の席がよかったのか。読者はすでにおわかりだろう。

コンピューター技術の進展も取り込みながら、音響のマイスター（職人）として、知見を重ねてきた豊田。その到達点ともいえるのがハンブルクのエルプフィルハーモニーだった。それでも、誰もが納得するわけではない。「何がいい音、音響なのかということについて、一致した意見をもつことは極めて難しい」（バレンボイム）からだ。

ホール完成から二年経った2019年、あるコンサートでの「事件」をきっかけに、ホールの音響に異を唱える声が上がった。それは、今をときめく世界的なテノール歌手からのものだった。当初は称賛の声が相次いだメディアからも音響に疑問を投げかける記事が出るなど、議論は、ホール音響の是非からヴィンヤード型とシューボックス型の優劣といった論点にまで飛び火していった。別のプロジェクトにかかわろうとしていた豊田は、最悪のタイミングで、思いもよらないトラブルに巻き込まれることになる。

第5章　「大地の歌」をめぐって起きた「事件」

文句があるなら、建築家に言ってほしい。音響に問題がある。内部の素材は、木を使うべきだ。

——ヨナス・カウフマン（テノール歌手）

音楽は雲の塊のようなものでなければなりません。雲をはさみでばらばらに切り裂くことはできない。それは、ひとつのオーラなのです。

——ワレリー・ゲルギエフ（指揮者）

新ホールでの大曲

「パリに聴きにきませんか。大規模編成のオーケストラの曲を聴くのに、これほどふさわしい場所はないはずだから」

2019年2月、ロンドンにいた筆者に、豊田から誘いがあった。

豊田が音響設計して2015年に完成したフィルハーモニー・ド・パリで、ロシアの巨匠ワレリー・ゲルギエフが、首席指揮者を務めるミュンヘン・フィルを振り、マーラーの交響曲「大地の歌」と交響曲第8番を連夜にわたって演奏するというのだ。特に「千人の交響曲」とも呼ばれる第8番は、8人のソリスト（ソプラノ3、アルト2、テノール、バリトン、バス各1）と合唱団、少年少女合唱団、オーケストラを含めた大編成となる。パイプオルガンも加わる冒頭の大音量、それに続く弱音とのダイナミックレンジは、どんなに優れたオーディオでも生演奏を再現することは難しい。出演者が多く、「演奏すれば必ず赤字になる」（ミュンヘン・フィル関係者）曲でもあるだけに、演奏会で取り上げられる機会は多くない。まして、優れた指揮者、オーケストラ、ソリストと、音響のいいホールの組み合わせで聴ける機会はめったにない。今回、演奏するのは、豊田の音響設計に絶大な信頼を寄せ、互いに「ヤス」「ワレリー」と呼び合うゲルギエフなのだ。豊田自身にとっても、完成して四年経った同ホールで「千人」を聴く初めての機会だった。

こうした大曲は、演奏するホールを選ぶ。大編成を抱えることができるステージの大きさ、大音響を受け止める大きな空間が必要だ。同時に最弱音でも、ホール全体に届くことが求められる。ヴィンヤード型のホールの場合、オーケストラ後方の座席部分に合唱団を配置することも多い。指揮者には、オーケストラとソリストの歌手、合唱団とのバランスを取る力も問われる。

ベートーヴェンの交響曲第9番「合唱付き」などでおなじみのとおり、歌手が加わる交響曲の場合、歌手は指揮者の脇に立ち、合唱団はオーケストラの後ろで歌うことが多い。「千人」や「大地の歌」でも通常、そうした配置で演奏される。

だが、この日のゲルギエフは違った。歌手をステージの左奥。ちょうどオーケストラの最後方と、その後ろの客席に位置する合唱団との間に立たせたのだ。一見、珍しい配置に見えるかもしれない。だが、こうすれば、ソリストの歌手と合唱団が近づき、双方の音量のバランスが取りやすくなる。それだけではない。ステージ横や後方の聴衆の大半にとって、歌手がステージ前方の指揮者横で歌った場合には「後ろから背中を見る」ことになるが、この位置なら、大半の聴衆が歌手を前から、あるいは横から見ることができる。「死角」が少なくなる配置なのだ。

筆者は豊田とともに、二階正面で演奏を聴いたが、ステージの奥に立って歌う歌手の声は、極めてクリアに聞こえた。豊田にとっては、自分が音響設計したホールの良さを、大曲の演奏によって改めて実感したのだろう。「千人」と「大地の歌」を聴いた豊田は、演奏と音響の双方に満足した表情を見せた。

豊田がパリに来た理由は、もう一つあった。パリでの演奏会の約一カ月前、1月22日にゲルギエフは「大地の歌」をドイツ・ハンブルクのエルプフィルハーモニーでも演奏していた。オケは同じミュンヘン・フィル。ソリストの歌手ふたりの配置も、パリと同様にステージ左奥だった。その十日前、エルプフィルハーモニーで、同じ「大地の歌」をめぐって、ある「事件」が起きていたのだ。

「歌手の声が聞こえない」

2019年1月12日。エルプフィルハーモニーの大ホールは満員の聴衆で埋め尽くされていた。聴衆のお目当ては、人気と実力を兼ね備えた当代最高のテノールの一人、ヨナス・カウフマン。マーラーにとって、事実上九番目の交響曲となる「大地の歌」は、中国の詩人、李白らによる唐詩をドイツ語に翻訳した詩集『中国の笛』がもとになっている。声域の広いカウフマンは、通常、テノールとアルト（またはバリトン。メゾ・ソプラノが歌う場合もある）の声域の異なるふたりで歌われるこの歌曲付きの交響曲を、一人二役で歌う。この日の演奏も、ソリストの歌手はカウフマンひとり。オーケストラはスイスのバーゼル交響楽団だった。バーゼルは、エルプフィルハーモニーの建物を設計した世界的な建築家ユニット、ヘルツォーク&ド・ムーロン（HdM）の二人、ジャック・ヘルツォークとピエール・ド・ムーロンの出身地だ。チューリヒ工科大でともに建築を学んだ彼らが、活動の本拠地とする場所でもある。HdMにとって、初めての本格的なコンサートホールの設計だったエルプフィルハーモニーのホールが完成してちょうど二年。ウォーターフロント再開発の目玉プロジェクトとして完成した後、町興しのシンボルとして認知された同ホールの会場を訪れていた。ふたりを迎え、会場では、祝祭気分が盛り上がるはずだった。

カウフマンは、指揮者の横（舞台正面からみて、指揮者の左側）で歌った。その演奏のさなか、オーケストラ後方の席にいた女性が突然、立ち上がって、こう叫んだのだ。

「（歌手カウフマンの）声が聞こえない」

呼応するかのように、オケ正面の席でも「聞こえない」という声があがった。何人かの聴衆は演奏中に席を移動したり、退席したりした。異例の事態である。

スター歌手カウフマンにとって、あからさまな不満を示した聴衆の反応は、屈辱ともいえる出来事だったに違いない。カウフマン自身は、その怒りを演奏後、地元メディアの取材で爆発させた。

「文句があるなら、建築家に言ってほしい。音響に問題がある。内部の素材は、木を使うべきだ」

「ここでは二度と絶対やらない、とは言わないが、次にハンブルクで演奏する機会があれば、（ハンブルクの旧ホール）ライスハレでやることになるだろう」

　一方で、怒りは聴衆にも向けられた。

「文句を言ったのは、ハンブルクの常連ではなく、観光地としてのコンサートホールに吸い寄せられてきた団体客ではないか。聴衆の不満は、（聞こえないという）瞬間だけでなく、座った席が（歌手の後ろ側で）格落ちのものだと感じたからではないか」

「聞こえない」と叫んだステージ後方の女性は、カウフマンの背中を後ろから見る形で聴いていたことになる。歌手を後ろから聴くことに慣れていない観光客だからこその反応ではないか、とみたのだ。ただ、同時に前にいた聴衆からも反応があったのはなぜなのか。

彼は、こうも語っていた。

「このホールの音響は、選ばれた素材にも関係している。最初のうちはとても歌いにくかった。設計する際に、木を使っていればより暖かみのある柔らかい音になっていただろう。このホールを設計するとき、ここでのコンサートが大オーケストラのものだけではなく、それ以外のさまざまな演奏会もあることを考慮しなかったのだろうか。より小規模の演奏のためにステージの形を変えられるようにすることは不可能だったのだろうか」

　このホールは、大オーケストラにとってはいいものだが、「ソリスト（歌手）にとっては、使いにくい」という主張である。大ホールのなかで、オーケストラの音量に自分の声がかき消され、自分の後方で演奏中にやじを飛ばされた彼の心境がただならぬものだったことは疑いない。だが、それはホールの音響のせいで起きたのだろうか。舞台の前にいる人にも声が届いていないと、彼自身も自覚していたのではないか。

十分な時間が必要になる

「事件」は、ホールの音響設計に当たった豊田の耳にもすぐに入った。同ホールの内部は、石膏ボードを一つひとつ手作業で彫り込んだ独自の素材で知られることは第3章でも触れたとおりである。建築上のデザインだけでなく、ステージ上の音をホール全体に反射、拡散させるための工夫で、音響上の効果をもつ。素材の選択も豊田のアドバイスがあってのものだった。カウフマンの発言は、ホールを設計したＨｄＭだけでなく、音響を設計した豊田にも批判の矛先を向けたものだった。

別のプロジェクトでロンドンにいた豊田は日程を変更して急遽、ハンブルクを訪れ、地元ラジオのインタビューに応じた。

――ホール内部の壁面の素材に問題があり、木を使うべきだという主張にどう答えますか。

コンサートホールの内装材としては木が音響的に優れているという多くの意見を知っています。気持ちの問題としてはよくわかるのですが、技術的、科学的にそのような根拠があるわけではありません。音響が良いといわれているアムステルダムのコンセルトヘボウやボストンのコンサートホールは壁も天井も全て石膏（プラスター）です。床は木が使われていますが、エルプフィルハーモニーの床も木です。

——この大ホールは、歌付きの交響曲を歌手が歌うには不適切だという批判があります。

今起きている論争は（歌手と聴衆との）感情的な問題になっている。幸いにも、ホール音響の評判は当初から、良すぎるぐらい非常にいい。ホールの音響に否定的な声があるからといって、このホールで歌曲や歌付きの交響曲はできないなどとは思いません。ホールの音響に問題があるなら、完成から二年経った今ではなく、当初から批判が出ていたはずです。すべて100％完璧だというつもりはありません。すべてのコンサートがうまくいくとは限らない。でもそれには理由があるのです。このコンサートホールは多くの点で、ほかのホールとは異なるユニークな面がある。音響面でも全く新しいところがあります。つまり、歌手や奏者は自身の音、ほかの奏者の音を非常に注意深く聞かなければなりません。

——まだ試行期間だと。

そうですね。もう少し待つ必要がある。どんな新しいホールでも、慣れるには十分な時間が必要になる。ベルリンのフィルハーモニーですら、開幕後の論争はもっと大きなものがあったのです。

一方で、豊田自身、当日の演奏を正面席で聞いていたホールの支配人から、カウフマンの声がステージの前方でもよく聞こえていなかったということを聞いていた。前方で聞こえていなかったとすれば、後方の聴衆にはまったく聞こえなかったとしても不思議ではない。豊田はこう考えた。

スイスの地方オケであるバーゼル響にとって、エルプフィルハーモニーでの演奏は初めての体験。ツアーで世界各地のコンサートホールの音響を知りつくした欧米の著名オケと比べれば、新ホールを使いこなす経験も力量も足りないはずだ。指揮者もベテランではない。巨大な空間を持つエルプフィルハーモニーで、指揮者、演奏者が力んで演奏すれば、どうなるか。カウフマンの声がかき消されたとしても不思議ではない。

カウフマンの批判のとおり、ホールの音響面で問題があるのか、それとも問題は演奏にあったのか。それを実証するには、同じホールで同じ曲を、ほかのオーケストラ、ソリストで演奏してみるしかない。そして、その事件から十日後に、同じ「大地の歌」をエルプフィルハーモニーで演奏したのが、ゲルギエフ指揮のミュンヘン・フィルだったのである。果たして、その際の演奏では何の問題も起きなかった。それどころか、コンサートは大成功に終わっている。そしてハンブルクでの演奏後に、ハンブルクの大ホールとほぼ同規模で、ともに豊田が音響設計したフィルハーモニー・ド・パリでの演奏は、「オーケストラにとっても、ソリストにとっても」すばらしいものだった。

この論争をゲルギエフはどう見ているのか。パリでの「大地の歌」の翌日、「第8番」のリハーサルのさなかに筆者は楽屋を訪れて、インタビューした。

真のバランスとは何か

カウフマンの批判について、どう考えているのか、率直に教えてほしい。単刀直入に尋ねた筆者に対し、ゲルギエフは次のように答えた。

「そこにいたわけではないし、批判について承知しているわけではない。私が知っているのは、大音響のオケとソロの歌手の間には、問題が起こるものだということです。オケのトゥッティ（総奏）は凶暴なまでに大きい。だからオケと歌手をどのように配置するのか、十分に考慮しなければならないということなのです」「昨日の『大地の歌』で、私がしたことは、テノールを私の左手側に（ステージの左奥に）、そしてブラス（金管楽器）を私の右手側に配置して、その両者の距離を最大限に取ったのです。歌のない部分では、ブラスを引き立てるが、歌手が歌っているときには、ブラスが歌手の声にかぶって聞こえなくならないようにする。そのことが非常に大事なのです。ヨナス（カウフマン）は私のよき仲間で、ともに録音をしたこともあります。ただ、ヨナスのためにそのオケ（バーゼル響）がどのように演奏したのか、私にはわかりません。ヨナスはすばらしい歌手ですが、エルプフィルハーモニー（の音響）について、あまりよく知らなかったのかもしれませんね。別のバランスの取り方や別の場所で歌うことについて、誰も進言しなかったのでしょう。聴衆は、歌を聴きたいだけでなく、歌手を見たいものなのです」

ゲルギエフは、「バランス」についても、彼ならではの考えをもっていた。

「すべての演奏家とオケが一緒になり、作曲家が望んだ最高のものが何かを理解してもらう。私が努力しているのはその点です。つまり、テノールやソプラノのソロ歌手が約一分、独唱する、しかも極めて小さな声で歌うなかで、200人の合唱団と100人のオケが、その周りで演奏するということを作曲家が求めるとしましょう。マーラーは、独奏者（歌手）に最弱のピアニッシモを求め、それ以外のオケ（奏者）には多くのアクセントを求めるといった音楽指示を、かなり頻繁に書いているのです。いわゆるバランスを取るのはほぼ不可能といっていい」

「誰かの音が大きすぎるとか小さすぎるという意味でのバランスについて言っているのではありません。そんなものはバランスではない。真のバランスとは、作曲家が歌手、金管奏者、ティンパニのそれぞれに対して与えようとした意図をどうバランスさせるか、ということなのです。ここで彼が金管に対してフォルテ（強音）と書きながら、同時に最も重要なソロ歌手に、とても静かに歌うように作曲したのはなぜなのか。こういったところは、マーラーの交響曲を演奏する上で論議を呼ぶところなのです」

ゲルギエフは「オーケストラの音量バランスをそろえるだけなら、二十秒でできる」といった上で、より大事なのは「混ざり合い（ミクスチャー）」だと語る。

「音楽は雲の塊のようなものでなければなりません。雲をはさみでばらばらに切り裂くことはできない。それは、ひとつのオーラなのです。ここに至るのが最も難しい」

「大地の歌」でマーラーが求めた音とは何か。ソロ歌手をオーケストラの左奥に配置すると同時に、歌声をかき消してしまいかねない大音量の金管楽器を右奥に配置して、歌手と金管奏者をできるだけ離して演奏させる。そうすることによって、歌手の声をかき消さないよう音量的なバランスを取るだけでなく、強い金管と弱い歌声という一見矛盾する作曲家の意図を最大限に活かした音楽をつくり出そうとしたのだ。彼は言う。

「歌手たちが心地よく歌えることを大事にしています。歌手はオケの音が聞こえる位置にいなければなりませんが、だからといってトロンボーンのすぐ隣では、ヴァイオリンの音は聞こえない。そういったことを指揮者は理解した上で、ときに強硬でなければなりません。これでいい、議論する必要なんかない、とね」

パリでの演奏会で一見、珍しく見えた配置は、作曲家の意図を最大限にくみ取った上で、指揮者としての解答を編み出したものだった。それは、ゲルギエフならではの、極めて精緻かつ合理的な計算に基づくものだったのだ。

マーラーに限らず、歌手とオーケストラの音量バランスについて、楽譜どおり忠実に演奏すると、歌が聞こえなくなる曲がある。「大音響のオケとソロの歌手の間には、問題が起こる」（ゲルギエフ）のである。そんな曲を演奏するとき、優れた指揮者、オーケストラが取る手法がある。「クレッシェンドは遅めに、ディミヌエンドは早めに」。歌手の声とともにオケの音量を上げる（クレッシェンド）のではなく、歌手が歌い終わる頃、遅めに上げる。逆にオケの音量を落とす（ディミヌエンド）ところでは、だんだんとではなく、早めに落とす。

歌手とオーケストラの関係を知り尽くした指揮者やオーケストラは、こういう工夫で、歌声を際立たせているという。「歌手とオケ」のバランスを知るプロの演奏家たちの間での不文律のようなものだろうか。

楽譜どおりではないが、そうすることで、聴衆には歌がはっきりと聞こえ、しかも、楽譜通り演奏しているように感じられる。不文律を知らない聴衆にすれば、「このホールの音響はなんてすばらしいんだ。歌手もオケもクリアに聞こえる」と思うに違いない。逆もまたしかり。「このホールの音響では、歌手の声は聞こえない」となってしまう。

「別のバランスの取り方がある」というゲルギエフなら、歌手と金管楽器の配置を離すだけでなく、こうした演奏上の技法も当然使いこなしているに違いない。バーゼル響の指揮者はもしかしたら、楽譜どおりに演奏してしまったのだろうか。同じホールで同じ曲の演奏を、異なる指揮者や異なるオーケストラで聴き比べた聴衆なら、演奏によって響きがここまで違うのかと実感できるに違いない。でも、どちらかの演奏しか体験しなかった聴衆にすれば、そのときの演奏が、ホールの「音響」として記憶される。聞こえない、響かないといった責めを負うのは、多くの場合、演奏者ではなく、豊田なのである。豊田が手がけた別のホールでは、こんなこともあった。

2014年にできた、ラジオ・フランスの新コンサートホール、オーディトリウムは、フランス放送フィルハーモニー管弦楽団とフランス国立管弦楽団の二つのオケの本拠地になっています。開幕でその両方のオケが舞台に立った。いやがおうでも比べられることになります。翌日にフランスメディアが軍配を上げたのは前者だった。私はもうパリを離れていたのですが、うちのスタッフが後者の指揮者に呼び出されて、こう言われたのです。「音響的に何か違うことをやったのか」と。やるわけがありません。新ホールに対応するオケの力の差なんです。

歌手とオーケストラの配置に関するゲルギエフの論考をさらに続けよう。

ゲルギエフが、歌手を指揮者の横に置かず、奏者の後ろに配置したのは、ステージ後方に客席を持つヴィンヤード型というホール（ハンブルクやパリ）の形から編み出されたものなのだろうか。彼の答えは、なるほどと思わせるものだった。

「それはオペラの世界ではもう二百年も三百年の前に決められたものなのですよ。つまり、オケが（ステージ前のオーケストラピットの中で）下にあり、歌手は舞台の上にいる。それは二千年前のローマ、三千年前のギリシャの野外劇場にも通じます。舞台の後ろと横には分厚い壁があり、役者やナレーターがつぶやけば、50メートル離れた客席にいる人々にもその声はしっかりと届くのです」

豊田が設計したホールの多くは、ステージ中心から周辺に向かって、オーケストラぜり（ひな段）が階段状にせり上がる構造になっている（高さは調整可能）。いわば、ステージの形が古代のローマ劇場のようにすり鉢状になり、扇の要に指揮者が陣取る形になる。ゲルギエフは、歌手を左奥に配置した。歌手のすぐ後ろと横には、ステージ後方の席とステージを隔てる壁がある。歌手の声は、その壁で反射拡散する。そうすれば、ローマ劇場のように、歌声はホール全体に通るというわけだ。豊田自身、ステージの高低と音響の変化は、長年、試し続けてきたテーマである。

サントリーホールがオープンしてから一年くらいのころ。日本フィルを使ってオーケストラぜりの高低と音響についての実験をしたことがあります。80年代には、ステージの高低と音響の関係はまだ十分わかっていなかった。最初にいろんな楽器のソロがあるブリテンの「青少年のための管弦楽入門」を試しました。でも上げても下げても良くない。実験が終わって、じゃあ定期演奏会の練習を、ということで、ブラームスの交響曲第1番をやりました。そこで、少し上げてみたら、ものすごく音響がよくなったのです。まさにこうしたかったんだ、という音になりました。結論としては、アンサンブルがしっかりとできている曲でやると効果てきめんだということ。アンサンブルが悪いとそれが全部表に出てきてしまう。もちろん、測定する機械などないのですが。

ゲルギエフは、ロシアの本拠地サンクトペテルブルクのマリインスキー歌劇場の総監督、芸術監督として、同歌劇場管弦楽団を日常的に指揮している。オペラでは、舞台の手前下にオーケストラピットがある。聴衆から見れば、歌手はオーケストラの後ろで歌っていることになる。オペラ指揮者としての経験が豊富なゲルギエフにとっては、その配置は当たり前の選択肢なのだろう。豊田に心酔し、音響バランスに気を配るゲルギエフはそれをヴィンヤード型のホールで試してみた。そしてそれは、音響的にも視覚的にも適している、という確信を得たということなのだろう。

ゲルギエフは、「大地の歌」をハンブルクで演奏する約一年前、2018年の2月にこのホールでチャイコフスキーの歌劇「イオランタ」を演奏会形式（舞台演出なしにオケと歌手がオペラを演奏する形式）で演奏したことがある。

そのときに彼が試みた配置は、次のようなものだった。

「歌手たちをステージの後方のスペース、木管楽器の後ろに座らせる。従来の配置ならそのそばにいる金管楽器をどかせて、歌手とは離れた位置に配置する。そうすれば、歌手たちにとって非常にいい位置になるだけでなく、指揮者である私の後方の席にいる人も、（ステージ後方の席で）私の前方にいる聴衆にとっても、非常に心地良さを感じるものになるのです」

豊田とは、「契約書にない人間関係」（第2章）にあるゲルギエフが、この事件で豊田を援護するのは、ある意味予測されたことではある。だが、その説明は、そうした特別の関係を考慮した上でも納得感をもたらすものではないだろうか。

だが、世の中は、マエストロ（巨匠指揮者）たちが追い求める芸術性だけで決まるわけではない。特に総額が何百億円ものプロジェクトとなるコンサートホールの建設では、多くの利害や政治的な駆け引きが絡むのはある意味、当然のことである。

エルプフィルハーモニーでの「事件」が起きたさなか、ミュンヘンでは、コンサートホールをめぐる三つのプロジェクトが進んでいた。音響が悪いことで知られ、かつてアメリカの指揮者レナード・バーンスタインが「燃やしてしまえ」と言ったことで知られるミュンヘン・フィルの本拠地「ガスタイク」（1985年）の音響改修。そのガスタイクを改修する間にミュンヘン・フィルの演奏会場となる仮ホール。そして、ミュンヘンを本拠地に置くもう一つの世界的オーケストラ、バイエルン放送交響楽団の新ホール「コンツェルトハウス」の建設である。ハンブルクでの「事件」は、まだ音響設計の担当者が決まっていなかった「コンツェルトハウス」建設のプロジェクトの行方に影を落とすことになる。

マエストロの切望

当時、バイエルン放送響を率いていたのはラトビア出身の指揮者マリス・ヤンソンス。オランダのロイヤル・コンセルトヘボウ管弦楽団の首席指揮者も一時、兼任していた。いずれもウィーン・フィル、ベルリン・フィルと世界トップの座を競う名門中の名門だ。コンセルトヘボウ管については、2015年に惜しまれながら退任した。ちょうどサイモン・ラトルがベルリン・フィルの首席指揮者を退任するタイミングだっただけに、後任の筆頭候補に挙がった。だが、ヤンソンスは、ベルリンのポストを受けないことを明言した上で、バイエルン放送響にとどまる理由をこう説明した。

「ミュンヘンに世界クラスのコンサートホールをつくるために長年苦闘してきたオケを見捨てることは、まるで彼らを裏切るようなものになる」

バイエルン放送響との契約は、新ホール、コンツェルトハウスが完成する2024年まで延長された。ミュンヘンでの新ホールを自分の手でなんとしても成し遂げたいという強い思い入れがあったのだ。

そのヤンソンスの意中の人が豊田だった。豊田が最初にヤンソンスの指揮を見たのは、サントリーホール開幕直後の1986年。ソ連崩壊前で、サンクトペテルブルク・フィルに名前が変わる前のレニングラード・フィルを率いて来日した際の演奏会だった。86年10月19日、ショスタコーヴィチの交響曲第5番とチャイコフスキーの交響曲第4番を演奏している。

スコアをしっかり読み込んで、リハーサルでは丁寧に何度も指示する。楽譜の音がバランスよく全部聞こえてくる。いい指揮者だなあ、と思ったのですが、そのころはヤンソンスを個人的には知らなかった。それからだいぶ経って、1998年にアメリカのピッツバーグ交響楽団の首席指揮者として来日した際、札幌にも来たのです。彼は同楽団と1998年と2002年の来日公演で、札幌のキタラ、サントリーホールなどで演奏している。

そこで自分が音響設計をしたキタラを気に入ってくれて、リハーサルのときに話をしました。リハーサル後にステージに上がってあいさつに行き、私から「サントリーホール開幕直後のレニングラード・フィルとの演奏会はすばらしかった。今晩も楽しみしています」と話したのです。そうしたら、帰り際にマエストロ（ヤンソンス）の方が追いかけてきて「名刺をくれ」と言ったのです。そして「自分がいつか新しいホールをつくる立場になったら、ぜひ手を貸してほしい」と言うのです。マエストロから名刺をくれと言われた記憶は後にも先にもそのとき以外、ありません。

そのときが、ようやく訪れたのだ。ドイツ・メディアでは、豊田の名前が本命として挙がっていた。ハンブルクでの「事件」の数日後、ヤンソンスの76歳の誕生日を祝う会がミュンヘンで開かれた。当日、ミュンヘンを訪れていた豊田は、バイエルン放送響の関係者からこう言われた。「顔を見せない方がいい。コンペに影響が出かねないから」

本命視されているなかで、ヤンソンスと親密な関係を誇示すれば、コンペの公平性に問題があると見られかねないとの懸念からのアドバイスだった。その翌日、ミュンヘン空港のラウンジで、たまたまヤンソンスを見かけた豊田は、姿を見せなかったことをいぶかるマエストロにこう釈明した。「昨日は行きたかったのですが、あえて、顔を出しませんでした」

すでにミュンヘン・フィルをめぐる二つのホール（ガスタイクの改修と仮ホールの音響設計）で指名を受けていた豊田にとって、バイエルン放送響が進めるコンツェルトハウスの音響設計も担うことになれば、ドイツ有数の音楽の町で新ホール設計を三カ所とも独占することになる。数年前、ラジオ・フランスのコンサートホールと、フィルハーモニー・ド・パリ、さらにはセーヌ川の中州に「ラ・セーヌ・ミュジカル」（建築家坂茂が設計）と三つの新ホールの音響をいずれも担当したパリに続く快挙となるはずだった。

豊田にすれば、主要なコンサートホール建設プロジェクトのすべてを独占することが目的なのではない。ヤンソンスとの長年の約束を果たしたいという思いがあったからこそそのコンペ参加だった。実際にコンペの前、豊田は彼から二、三回、直接電話を受けたことがある。「内々だが、とにかくあなたにやってもらいたい」

そんなさなかにハンブルクでの「事件」は起きた。さらに不幸な動きがあった。豊田への思いをなかば公言していたヤンソンスは、「公平性」の観点から、音響設計選びの評議員から外されたのだ。

懸念は的中した。ミュンヘンのコンペで音響設計を担当することになったのは、本命視されていた豊田ではなく、ロンドンに拠点を置くアラップ（Arup）社だった。音響担当者は、日系カナダ人のタテオ・ナカジマ。しかもホールの形状は、豊田が主要なプロジェクトで手がけてきた、ステージを客席が360度囲むヴィンヤード型ではなく、長方形のシューボックス型になったのだ。オーケストラ指揮者としての経歴をもつナカジマは、音響設計家ラッセル・ジョンソンが創設したアーテック（Artec）社に入った（同社はその後、アラップ社に吸収）。

ナカジマが師事したジョンソンは、スイス・ルツェルン音楽祭のメイン会場として使われているホールや、イギリス・バーミンガムのシンフォニーホールの音響設計で知られる。手がけたホールは、上記の二つを含めて、いわゆるシューボックス型が多い。ドイツ・メディアは、ヤンソンスの本命だった「スター音響設計家（豊田）」が選ばれなかったと報じた上で、ジョンソンの流れをくむナカジマを「アンチ豊田派」などと伝えた。サントリーホールをはじめ、ヴィンヤード型の名ホールを次々につくってきた豊田から、旧来型のシューボックス型のホールへの回帰という見立てだ。

ミュンヘンという音楽の主要都市でコンサートホール建設のプロジェクトを三つとも取る、ということはありえないことだったのでしょう。実際、ミュンヘン・フィルの現在の本拠地ガスタイクの改修と仮ホール建設の両方をやることになったときには、ミュンヘン・フィルの事務局長がコンツェルトハウスのコンペへの悪影響を心配して、「仮ホールの方はあきらめた方がいい」とアドバイスしてくれたほどです。一方でゲルギエフは、「そんなことはない」と仮ホールを含めて、中央突破する構えでした。ヤンソンスは、純粋な半面、政治的には音痴なところがあって、新聞でも私の名前をどんどん出してしまい、コンペでは逆効果になった。そのあたりがわかっているゲルギエフは、コンペ前には私の名前を一切出さなかったのです。

ミュンヘン・フィルを率いるゲルギエフ、バイエルン放送響を率いていたヤンソンスとも、豊田の音響に惚れ込んだ指揮者である。ともに旧ソ連時代のレニングラード（現・サンクトペテルブルク）で音楽を学び、個人的にも親しい。そのふたりが2013年、毎年恒例にしている新年の夕食会で、世界最高の音響をもつホールはどこかをめぐって議論になったことがある。ゲルギエフが推すのは札幌のキタラ。ヤンソンスは、ミューザ（川崎シンフォニーホール）を推した。両ホールの音響を設計したのは、いずれも豊田である。それなら、本人に直接電話しよう、ということになった。

ゲルギエフからの電話を受けた豊田は、こう答えた。「マエストロ、あなたには何人子どもがいるのですか」

豊田にとって、自分の設計したホールに優劣はつけられない。自分の子どもに優劣をつける親などいないのと同様に。ゲルギエフは即座に「ああ、わかった」と納得したという。

「名刺をくれ」。「とにかくあなたにやってもらいたい」――長年の思いを豊田の設計で果たしたいと思っていたヤンソンスの無念はいかばかりだったろうか。心臓にペースメーカーを入れるなど、健康に不安があったヤンソンスは、その年2019年の11月30日、ミュンヘンでの新ホールの完成を見ることなく、ロシア・サンクトペテルブルクの自宅で死去した。76歳だった。豊田とは、ミュンヘン空港で交わした言葉が最後のやりとりとなった。長年の約束を果たせなかった豊田にとっても、その死は、本当に悔やまれるものだった。

第6章 究極の響きを指揮者とつくる

ヤスの両耳には、ほかの誰も聴くことのできないもの、響きが聞こえている。

——サイモン・ラトル（指揮者）

明瞭さに欠けた表現というものがあるとは思えないのです。構造があって初めて表現が生まれる。

——エサ＝ペッカ・サロネン（指揮者、作曲家）

「オーケストラビルダー」ラトルとの出会い

フランク・ゲーリーをはじめ、さまざまな建築家と組み、世界各地でコンサートホールをつくり続ける豊田泰久。彼の「音響設計」は、指揮者、オーケストラとの対話を通じて、ホールが完成した後も続く。その音響づくりには、特別に関係の深いワレリー・ゲルギエフやベルリンのピエール・ブーレーズ・ザールでかかわったダニエル・バレンボイム以外にも、世界の名だたる指揮者たちが注目する。この章では、彼らが、豊田とのかかわりの中で、音響やコンサートホールについてどう見ているのか、音楽家から見た音響論をさらに探ってみたい。彼らがつくる「音楽」と「音響」はどう結びついているのだろうか。

ベルリン・フィルの首席指揮者を2002年から18年まで十六年にわたって務め、名実ともに現代最高の指揮者のひとりとして知られるサイモン・ラトルと豊田が知り合ったのは、若きラトルがバーミンガム市交響楽団の首席指揮者として初来日した1987年6月にさかのぼる。当時、ラトルは32歳の俊英。イギリスの地方オケ、バーミンガム市響を世界一級のレベルに押し上げ、日本でも注目され始めたころだ。一方の豊田は34歳。音響設計の主担当としてかかわったサントリーホールが完成して半年あまり。同ホールの評価をめぐる議論がまだ定まっていない時期に当たる。そのラトルが、サントリーホールで演奏したのは6月3日のことだった。プログラムは、次のとおりである。

ベルリオーズ「ベアトリスとベネディクト」序曲
シベリウス「ヴァイオリン協奏曲」（ヴァイオリン独奏・堀米《ほりごめ》ゆず子）
ブラームス「交響曲第4番」

このときの演奏について豊田は、「バランスが取れていてオケの音がきれい。芸術的な表現と音響のバランスの両方ができる指揮者だな、と。そのころからすごかった」と語る。ラトルに注目したのは、彼がカリスマ性を備えた指揮者であると同時に、オーケストラを育てる力をもつ指揮者、「オーケストラビルダー」としての才能を示していたからだろう。豊田は言う。

アンサンブルがいいオケには必ずいいトレーナーとしての指揮者がいる。かつての大物指揮者カラヤン、ムラヴィンスキー、チェリビダッケといった指揮者には、芸術性とオケを育てる両方の力がありました。一方で、音楽的、芸術的なインスピレーションは与えられても、オケを育てられない指揮者もいる。インスピレーションも重要ですが、それだけではオケの80人、90人規模のアンサンブルの質を保つのは難しいのです。

録音嫌いでも知られた伝説の指揮者セルジュ・チェリビダッケ（1912〜96）は1977年と78年の二度にわたって来日し、読売日本交響楽団を指揮したことがある。永田音響設計に入社して間もない豊田は、そのリハーサルを見る機会があった。通常の客演指揮者よりも長い時間のリハーサルをすることで知られる彼は、客演するにあたって、さまざまな条件を付けた。その一つが、弦楽器、金管楽器、木管楽器など各セクションの徹底的なチューニング（音程合わせ）だった。まず、リハーサルの最初に、厳密なチューニングをセクション毎に時間をかけて行う。奏者一人ずつ、もう少し上げろ、下げろと。

当時の日本のオーケストラは、欧米の一流楽団とは技量面でまだ差があったのかもしれない。とはいえ、読響は日本を代表するプロの楽団である。厳しい指導を受けた団員の自尊心は大きく傷ついたに違いない。多くのオーケストラが、トレーニングに厳し過ぎる指揮者を音楽監督や首席指揮者に迎えたくない理由もそのあたりにあるのだろう。ところが、チューニングの効果は絶大だった。その前後で、響きはまったくといっていいほど変わったのである。豊田は衝撃を受けた。実際に曲を弾き始めようというときにビオラの首席が鉛筆を落とした。チェリビダッケは指揮棒を止めてこう言った。「そんな音は楽譜に書いていない」

現代の指揮者で音楽監督や首席指揮者としてオケをつくれるのは、ラトル、ゲルギ

エフ、ヤンソンス、ムーティ、バレンボイム。モントリオール交響楽団を育てたシャルル・デュトワもそうです。

指揮者としてテンポが速いか遅いか、あるいは歌い回しの進め方といったものは、良し悪しではなく、好みの問題です。でも、オケの音のバランスはいい方が絶対にいい。ピッチ（音程）は、合っている方が合っていないよりも絶対にいい。トレーニングで世界的なオケに育てたという意味で、ラトルとバーミンガム市響、デュトワとモントリオール響、ゲルギエフとマリインスキー歌劇場管弦楽団は、僕にとってとても重要なんです。

どんなに優れた音響をもつホールでも、オーケストラのアンサンブルが濁り、バランスが崩れた演奏になれば、優れた響きは引き出せない。豊田が名前を出し、付き合いを深める世界的な指揮者たちに共通するのは、音響のバランスを大切にするがゆえに、音響設計家である豊田とその仕事に大きな関心を持つ指揮者たちである。

ラトルは、バーミンガム市響との二度目の来日となった1991年2月の公演でも、サントリーホールで二夜にわたって演奏した。取り上げたのは、7日がマーラーの交響曲第9番、10日には、前半にベートーヴェンのピアノ協奏曲第3番、そして後半にはラヴェルの「ダフニスとクロエ」（全曲）。まだ同ホールができて四年数カ月、ようやくホールの評価が定まりつつあるころだ。

バーミンガム市響、そしてベルリン・フィルとの数多くの来日公演で、サントリーホールのほか、札幌コンサートホールKitara、神奈川県のミューザ川崎シンフォニーホールなど豊田が音響設計したコンサートホールで演奏を続けたラトルは、そのホール音響の素晴らしさに魅入られていく。中でも気に入ったのがミューザだった。2018年秋、ロンドン響との来日公演を前にロンドンで筆者がインタビューした際、ミューザへの思いをこう語っている。

「もちろん、サントリーホールはあらゆる名ホールの偉大な先祖、産みの親です。では、キタラやミューザはさらにすばらしくなったのだろうかというのが次の質問になるでしょう。ミューザはあり得る可能性の中で完璧に近い、というのが私の答えです。来日ツアーでは、日本のさまざまなホールで演奏するけれど、ミューザでの公演がいつも最高のものになる。アメリカ公演であれば、(名ホールとして知られる)ボストンのシンフォニーホールでの公演が常に最高のものになるようにね。ほら、やっぱりここだ、となる」

実は以前、ラトルが豊田に依頼したことがあった。ベルリン・フィルの本拠地ベルリン・フィルハーモニーのステージ床の改修である。ベルリン・フィルの首席指揮者になって間もないころ、ラトルからホールの床の響きについて相談があった。ホール音響を担当したロタール・クレーマー(1905～1990)がすでに亡くなっているなかで、床を交換する際に旧知の豊田に相談したのだ。豊田は、ステージ床下の構造を調べた上で、床がよりよく響くようにアドバイスした。ベルリン・フィルハーモニー（ホール）を兄貴分とするサントリーホールを手がけた豊田は、ベルリンの音響にもかかわっているということになる。そのふたりがともに取り組むプロジェクトがロンドンで本格的に動き出したのは2019年。最初に出会ってから実に三十二年の歳月が流れていた。

ロンドンの新プロジェクト

ロンドンにワールドクラスのコンサートホールをつくる。そんな構想がイギリス政府とロンドン市の間で浮かんだのは2015年初めのことだ。当時の市長は、のちに首相になるボリス・ジョンソンだった。ロンドンには、ロンドン交響楽団、フィルハーモニア管弦楽団、ロンドン・フィルハーモニー管弦楽団、BBC交響楽団など世界的なオーケストラが並び立つ。ベルリン、ウィーン、パリ、ミュンヘンなどと肩を並べるクラシック音楽の主要都市である。だが、演奏会場であるバービカン・センターやロイヤル・フェスティバルホールは、音響的にはベルリンのフィルハーモニーやウィーンの楽友協会に比べられるような名ホールではない。音響面での問題点を指摘するのは、単純ではないが、バービカンは客席が扇形に広がっており、豊かな音響に必要な壁からの初期反射音を得にくい面がある。また、合唱を含む大規模な現代曲などの演奏を好むラトルは、バービカンのステージでは狭すぎて演奏できない曲が多い、と指摘していた。この点について、豊田によれば、

「音響が悪い」と直接言うことを避けて、別の理由を挙げたのだという。イギリス紳士としての対応ということなのだろう。ロイヤル・フェスティバルホールの客席数は2500で、理想的なホールの客席数といわれる2000よりかなり多い。後方の席ではステージの音は小さくなってしまう。

一方、フランスのパリでは、ロンドンでの新ホール計画が持ち上がった2015年初め、パリ管弦楽団の新たな本拠地として建築家ジャン・ヌーヴェルと豊田がつくったフィルハーモニー・ド・パリが完成し、その前年に豊田がパリで手がけたラジオ・フランスの新コンサートホール、オーディトリウムとともに注目を集めていた。

ドイツのミュンヘンでもミュンヘン・フィルの本拠地ガスタイクの音響改修と、改修中の仮ホールの音響設計をいずれも豊田が手がける。ロンドンもその波に乗り遅れまいとしたのだ。ラトルは、ベルリン・フィルの首席指揮者を退任する前年の17年秋のシーズンから、祖国イギリスのトップオーケストラのひとつ、ロンドン響の音楽監督に迎えられた。長年、いいホールづくりが課題だったロンドン響にとって、自国出身のスター指揮者、ラトルの招聘は、新ホールの建設を進めるうえで好機となるはずだった。

そこに暗雲が垂れ込める。ラトル就任前の2016年6月、イギリスは、欧州連合（EU）からの離脱（ブレグジット）を問う国民投票で、離脱派が過半数となり、経済の先行きが不透明になった。筆者が新聞社の特派員としてロンドンに赴任した時期とも重なる。離脱方法をめぐる議論が迷走するなか、総工費2億8800万ポンド（当時のレートで約410億円）ともいわれる巨額の建設費がかかるコンサートホール構想は当時のメイ政権がその年の暮れに調査費を打ち切り、いったん暗礁に乗り上げた。その後、ロンドンの金融街で知られる自治体シティ・オブ・ロンドンが計画を引き継ぎ、民間資金を活用して建設に乗り出すことを決めたのだ。

新ホールの仮称は「センター・フォー・ミュージック」（音楽のためのセンター）。現在の本拠地バービカン・センター近くにあるロンドン博物館が移転した後、その跡地に建設する計画だ。ロンドン響の新たな演奏会場としての機能のほか、音楽教育などの活動も担う総合文化施設を目指す。ホール名を仮称としたのは、ホールの命名権も建設費に充てるためだ。

音響設計は、コンペの末、豊田が選ばれた。ミューザをはじめ、豊田の設計したホールを好むラトルの強い希望が反映された決定だと受け止められた。建物と周辺の再開発を設計するのは、ニューヨークで空中庭園「ハイライン」の設計などを手がけたアメリカの建築家ユニット「ディラー・スコフィディオ＋レンフロ」。建物の周辺を遊歩道にするなど、「ハイライン」で培った手法を採り入れる計画だ。

19年1月、ロンドン市内で開かれた記者会見で、ラトルは語った。

「現代にふさわしい、あらゆる装備を備えた近代的で国際的なすばらしいホールが、施設の中心に位置することになる」

「ブレグジットの行方は私たちにも政治家にもわからないが、構想を最善の形で進めたい。この国で、それ以外にも物事が進んでいるということを心にとどめておくことが大切だ」（筆者注：この時点では、まだ離脱の時期や方法は最終的に固まっていなかった）

三人からなる建築家ユニットのひとり、エリザベス・ディラーも会見に加わり、「ロンドンは国際的な首都であり、世界的なホールを持つ必要がある」と語った。

この会見に、豊田は同席していないが、プロジェクトにかかわる音響設計家のコンペで選ばれたのは、建築家の選定よりも先だった。

コンサートホールをつくる際、建築家と音響設計家をどう選ぶかというルールはなく、プロジェクトごとに違います。今回のプロジェクトでは、音響設計家を先に選んでから、建築家を選ぶ方式でした。建築家より先に自分が選ばれた場合、建築家を選ぶ審査に自分が加わるかどうかもプロジェクトごとに異なります。ロンドンの新ホールでは、直接審査員としてではなく、建築家を選ぶ審査員に音響面からのテクニカル（技術的）なアドバイスを行うという立場で参加しました。

今回のプロジェクトでは、音響設計家や建築家を選ぶコンペに先立ってバービカン・センターとロンドン響がまず、実現可能性を探るためのフィージビリティー・スタディー

（FS）を実施した。ロンドンに拠点を置き、バーミンガムでシンフォニーホールの設計にもかかわったアラップ社など二社に依頼し、調査には、それ以外に約六社の参考意見も加えられた。そこには豊田の永田音響設計もかかわった。最終的な提案書は、新ホールについて「ワールドクラスの音響、つまり輝かしく、直接的で深みと豊かさ、暖かみがあること」としたうえで「それらは今のロンドンの主要ホールに欠けている」と指摘。こうした状況は「耳の肥えた一部の人だけの問題ではなく、聴衆の多くを満足させていない」と結論づけた。（英タイムズ紙の報道による）

豊田自身、ロンドンの現在の主要ホールの音響について「聴衆のひとりとして、そのとおりだと思います」と語る。FSを受けて、コンペの資料提出の募集が17年6月に始まり、7月に候補の音響設計家、企業の面接があった。

FSにかかわるなかで、ラトルの意向として示されたのは、まずホールの形だった。サントリーホールなどと同じヴィンヤード型であること、そして「ミューザ川崎のようなホール」とも言及していた。建設予定の敷地に2000人クラスのホールが入るかどうか。豊田が手がけたディズニー・コンサートホールなどほかのホールの敷地の形や面積とも比べる形で検討が進んだ。

会見の場で、「あなたにとっての理想であるミューザをどこまで意識しているのか」と筆者がラトルに質問したときの答えは、次のようなものだった。

「世界中には多くの優れたコンサートホールがあるが、確かにミューザが私のお気に入りです。付け加えれば、ミューザの設計思想のタイプは、我々が建設を予定しているスペースのタイプにふさわしいところがある。もちろん、進行中の話ではありますが」

自分が「完璧なものに限りなく近い」と見る、川崎のミューザ。それに匹敵する音響をもつ新ホールをロンドンにつくり、音楽監督を務めるロンドン響の本拠地にしたい。ラトルの強い意気込みが感じられた。コンペで問われるのは、今回のプロジェクトの提案内容だけでなく、過去の実績も問われる。いろいろな経験があれば、どんな条件にも柔軟に対応できるとみなされるからだ。イギリスのメディアは、ミューザを含む多くの著名なホールを手がけた豊田を当初から本命視していたが、正式に決まるまで本人は緊張の日々が続いた。

ホールに宿るインティマシー

批判精神に富むイギリスのメディアだけに、本命の豊田が音響設計を射止めたことに対しては、手放しの礼賛ばかりではなかった。ハンブルクのエルプフィルハーモニーが完成した際、「このようなすばらしいホールがロンドンにないことを恥じる」と豊田の音響を激賞した英タイムズ紙の音楽担当記者リチャード・モリソンは、ラトルらの記者会見から四日後の19年1月25日、前章で述べたエルプフィルハーモニーでの「事件」に触れて、これまでの立場とは異なる批判的な記事を載せた。

「指揮者のエゴにとって、ヴィンヤード型はすばらしい。指揮者が男性でも女性でも、そこに圧倒的に注目が集まるのだから。でも、エルプフィルハーモニーが証明したように、その音響はむらのあるもの（Patchy）になる。このロンドンのホールの音響担当となる日本人の音響の教祖ヤスヒサ・トヨタは、すべての座席に、現在使っているバービカン・センターには欠けているとラトルが言う、ワールドクラスの音を届けることが必要になる」

そして、ロンドンの新ホールプロジェクトをめぐり、ホールの形が「トレンディーで、より民主的なヴィンヤード型（ハンブルクやパリのように）になることを懸念する」と書いたのだ。

民主的なホール、といっても、読者にはピンと来ないかもしれない。伝統的な長方形のシューボックス型では、後方に行くほど、ステージの奏者は小さく見え、聞こえる音も遠くなりがちだ。王室などＶＩＰが座る席は、一階中央やや後ろか、二階席の正面といったところだろう。つまり、そこから離れれば離れるほど音も見え方も劣る。これに比べて、サントリーホールやベルリン・フィルハーモニーに代表されるヴィンヤード型では、ステージ周りを客席が３６０度囲む形になり、ステージと客席との距離はヴィンヤード型に比べて近くなる。どこの席ならＶＩＰ席とはいちがいに決められない。

シューボックス型では、聴衆は常に指揮者の背中を見ているが、ヴィンヤード型では、ステージ後方の聴衆は、指揮者を正面から見ることができる。コンサートを「聴く」だけでなく「見る」ことができるのだ。モリソン記者は、こう書いた。

「変更不可能な状況になるにはまだ何年もある。それまでにいろんなことを変えることができる。コンサートホールのデザイン変更から、（EUからの離脱で揺れる）イギリスの崩壊に至るまで」

ヴィンヤード型のホール設計を変えるべきだという主張である。

いうまでもなく、音響の良し悪しはホールの形だけで決まるわけではない。ヴィンヤード型を代表するベルリン・フィルハーモニーやサントリーホール、シューボックス型を代表するウィーン楽友協会の音響のすばらしさをホールの形だけで比較しても意味はない。どんなホールでも、この型だからすばらしい音響になる、とは限らない。またホールの音響がすばらしくても、オーケストラの音響バランスが悪ければ、きれいには響かないし、歌手の声も聞こえない。それがホール音響のもつ本質的な問題であることは、前章の「事件」で考察したとおりである。それを、あたかもシューボックス型とヴィンヤード型の優劣のように問題をすり替えて、議論を投げかけたのである。

19世紀のウィーン、ボストンなどの名ホールがシューボックス型であるのに対し、20世紀後半のコンサートホールで音響が優れたホールとして有名なものは大半がヴィンヤード型である。ベルリン・フィルハーモニー、そしてサントリーホールへと引き継がれたホールのスタイルは、21世紀になってからもパリのフィルハーモニー・ド・パリ、ハンブルクのエルプフィルハーモニーへと引き継がれた。名前を挙げたヴィンヤード型のホールは、ステージ床の改修を手がけたベルリンを含め、すべて豊田が音響設計にかかわっている。ロンドンの新ホールでも、「当初からヴィンヤード型にすることが前提になっていた」と豊田は言う。現代のホールをシューボックス型でつくると、避けて通れない問題が出てくるからだ。

ステージ正面から後ろに向かって客席が広がるシューボックス型では、後方の座席では、指揮者や演奏者が遠くなり、聞こえる音量は前方席より小さくなる。指揮者は常に聴衆に背を向けた形となり、視覚面でも面白みにかける。舞台両袖のバルコニー席では、ステージを見るために身体を斜めにする必要がある。二列目以降の席だと、ステージの多くが死角となる。客席数を増やそうとホールの横幅を広げれば、音響の豊かさに直結する「初期反射音」が十分に得られない。

一方のヴィンヤード型では、客席をグループに分けて、壁で囲い、その壁から初期反射音が届くため、理論上は、より多くの席で豊かな響きを楽しめることになる。同じ敷地の広さであれば、ヴィンヤード型の方がより多くの聴衆を入れることが可能になる。それは、いずれも興行面でオーケストラや主催者にとって好ましい結果となる。

豊田がヴィンヤード型にこだわる理由がもう一つある。それは、コンサートホールの設計思想として、彼が一貫して心を配ってきたこと、「インティマシー」と結びつく。近さ、親密さなどと訳される言葉だが、豊田の意味するものは、指揮者と演奏者、奏者と客席、さらには客席同士の「一体感」「親近感」だ。

例えば、エルプフィルハーモニーの場合、ステージと客席との距離は、最大でも30メートル以内になるように設計されている。ステージ正面の席を後方というよりは、上方にせり上げてつくられた同ホールでは、ステージをはさんだ向こう正面に座る聴衆との距離が近い。演奏者だけでなく、ステージの向こう側にいる聴衆一人ひとりの「顔」がはっきりと見え、視覚的にも一体感が増すのである。視覚と音響の関係については、この章の後半でさらに論じたい。

ミューザに匹敵する音響をもつホールをロンドンに、と願うラトルは、豊田のつくりだす音響のどんなところに惹かれているのだろうか。先に触れた筆者とのインタビューで、新ホールに込めた思いと、豊田が作り出す音響の「秘密」について、こう語っている。

「なぜ、すばらしいかって？　それは、彼は率直に言って、最高の音響設計家だからです。ヤスの両耳には、ほかの誰も聴くことのできないもの、響きが聞こえている。例えば、ピアニストのクリスチャン・ツィメルマンが弾く和音を一つ聞いただけで、『オー・マイ・ゴッド！　こんな音はほかの誰にも弾けない』と思う。それと同じです。彼は偉大な職人であり、そんな偉大な職人は、いつの時代でもひとりかふたりしかいません。バーミンガムのシンフォニーホールやその後にスイス・ルツェルンのホールをつくったラッセル・ジヨンソン（1923〜2007）もそのひとりでしょう。そういう意味でヤスは、現代の（ヴァイオリン名器の製作者）ストラディヴァリであり、（コンサートホールという）巨大なストラディヴァリウスを我々につくってくれる人間なのだと思う。すばらしいホールができれば、別の形での演奏の可能性も出てくる。音をホールの空間に出してみると、『何か別のやり方もあるんじゃないか？』とホールが問いかけてくる。そしてヤスは、いつも神経を集中して、我々指揮者や演奏家が何を求めているのかを知ろうとするのです」
「すばらしいコンサートホールは、我々がその上で演奏する『楽器』なのです。我々がロンドンの新ホールに求めているのは、21世紀だからこそ考え得る多くの可能性を秘めた教育的な施設でもある。その点で彼（豊田）は非常に柔軟です。我々がつくろうとしているのは、もはや20世紀のホールではないのです。その点で、彼が担当することは我々にとって非常に幸運なことです」

ラトルからの期待に、豊田はこう応じる。

ロンドン響はイギリスを代表するワールドクラスのオケです。柔軟性に富み、能力が高い。機動的で古典から現代曲までいろんなことができる。いわばスーパーオケの代表格で、伝統や格式を重視するウィーン・フィルなどとは異なります。よりユニバーサル（普遍的）なオケといっていいかもしれない。問題は、「そんないいオケが、いいホールをもっていない」ということなのです。

ラトルとロンドン響が、新たな本拠地となるホールで演奏する日はいつになるだろうか。迷走した議論の末、イギリスは2020年1月末に正式にEUを離脱した。その後、新型コロナウイルスで世界的に経済が減速するなか、巨額のプロジェクトを民間資金中心で進めていくことは容易ではない。仮に10年がかりのプロジェクトになるとして、ラトルはそのとき70代半ば。指揮者としてはまだまだ現役のはずだ。豊田はその頃70代後半。究極の音響を持つ可能性を秘めたホールという楽器を、当代最高の指揮者とスーパーオケがどう弾きこなすか。会見で、完成時期のめどを問われたラトルは次のように答えている。

「先日、指揮者ヘルベルト・ブロムシュテットに会ったんだ。彼はいま91歳だけど、おそらくここにいる誰よりも若い。完成時に自分が91歳になっていない方がいいけれど、私は楽観的な人間なんだ。二日前に、ビートルズの歌（「ホエン・アイム・シックスティ・フォー」）と同じ64歳になってしまったけれどね」

ビートルズと同じリヴァプール出身のラトルらしい、気の利いた答えだった。

「音の魔術師」サロネン

2019年10月、アメリカの西海岸ロサンゼルスは、クラシック音楽の聖地になったような盛り上がりを見せた。ロサンゼルス・フィルハーモニックが創立100周年を迎え、その記念演奏会が数日にわたって開かれたのだ。初日の24日、ガラ・コンサートには、同オーケストラの音楽監督を務めたズービン・メータ（在任1962〜78）、エサ＝ペッカ・サロネン（同1992〜2009）と現監督のグスターボ・ドゥダメルのスター指揮者三人が勢揃いした。

ガラ・コンサートに続いて、翌日からも連夜の演奏会となった。メータがマーラーの交響曲第2番「復活」、サロネンが得意のシベリウス特集と自作の初演を披露。ドゥダメルは、お祝いの演奏会で取り上げられることが多い、ベートーヴェンの交響曲第9番「合唱付き」を演奏した。会場はもちろん、豊田が音響設計を担当し、フランク・ゲーリーが設計したウォルト・ディズニー・コンサートホールである。一連の演奏会には、豊田、ゲーリーの姿もあった。

人気と実力、そしてカリスマ性をも兼ね備えた三人の指揮者だが、スタイルは異なる。80歳を超す巨匠メータは、大半の曲で譜面を暗譜した上で、細かい指示を出すよりは、オケに伸び伸びと演奏させてよさを引き出すタイプ。作曲家でもあるサロネンは、精緻な音響バランスと透明性にこだわりながら、熱気も失わない。現監督のドゥダメルは、南米ベネズエラの出身で、貧困層を含む青少年たちをオーケストラ演奏の活動を通じて育成する同国の国家的な音楽教育システム「エル・システマ」が生んだ天才だ。天性のリズム感と圧倒的な集中力で奏者と聴衆を恍惚の境地に引き込む。

ロサンゼルスに長年住む豊田はいずれの指揮者ともつながりが深い。ホール完成時の音楽監督はサロネン。メータは、2019年まで約50年にわたって音楽監督を務めたイスラエル・フィルの本拠地マン・オーディトリウム（現在の正式名称はチャールズ・ブロンフマン・オーディトリウム）の音響改修（13年に完成）を豊田に頼んだ。そして、ドゥダメルとは、「エル・システマ」用のコンサートホールをつくろうと、彼の祖国ベネズエラをともに訪ねたことがある。

同じオーケストラでも指揮者が変われば響きは異なる。ましてや三人による演奏を連日聴いた豊田の耳には、奏でる音がそれぞれの指揮者によってはっきりと違って聞こえた。なかでも注目したのは、サロネンの演奏だった。

サロネンが指揮をすると、オーケストレーションのバランスがいいので、難解な現代曲でも全部きれいに聞こえてきます。ラヴェルやリムスキー＝コルサコフなどの曲を演奏しても、普通の演奏なら音が団子になって聞こえるところが、曲の構造さえもが明瞭に聞こえてくるのです。楽器の組み合わせが抜群にうまい、「音の魔術師」なのでしょう。だからマーラーやストラヴィンスキーを演奏してもきれいに聞こえる。バーンスタインの熱気あふれるマーラーの演奏とは対極で、全然違う曲のように聞こえます。

豊田が音響バランスの極めて優れた指揮者として絶大な信頼を寄せるサロネン。彼自身は、オケと音響について、どう考えているのだろうか。筆者は、演奏会前のリハーサルを終えた彼の楽屋を訪ねた。サロネンが語った内容は、彼と長年付き合いのある豊田自身もそれまで直接聞いたことがないものだった。

――指揮者とオケの関係を考えるとき、大きく分けて、二つのタイプがありますね。知的で楽譜に忠実なタイプ。例えば、作曲家でもあったピエール・ブーレーズあたりでしょうか。一方で、熱狂的で、エネルギーに満ちあふれたカリスマ指揮者。そのタイプでいえば……（と、名前を出しあぐねていると、サロネンから「バーンスタインかな」と手助けが入った）。

「（そのタイプは）バーンスタインかな。あるいは、トスカニーニといったところでしょうか。逆に知的な指揮者であっても、演奏が力強いこともある。私自身、ブーレーズの非常に深く感動的な演奏を何度か聴いたことがあります。かといって、演奏が力強ければ、どんなタイプの指揮者でもいい、とは言いがたい。私にすれば、明瞭さに欠けた表現というものがあるとは思えないのです。つまり、明瞭でないものは、表現力豊かなものにはならない。焦点が定まっていないものも同様です。そこには、構造的なものがなくてはならない。構造があって初めて表現が生まれる。混沌（カオス）ではなく、しっかりと物事が定まっている方を好みます。調理をしすぎない、うまいシェフのようなものです。最適な温度を知っていて、それより上にも下にも行かない。そうやって、素材が最適なやり方で理想的に提供される。私が夢見ていることはそういうことです。もちろん、いつもそうなるとは限らない。でもそれが私にとっての理想なのです。これは刺し身のようにほとんど調理しないとか、ステーキならこうやってとかね。そうしないと魅力的な味にはなりません」

クリアでないものは、表現力豊かなものにはならない、というサロネンの言い方は、先述した豊田の発言とも通じるものがある。熱狂的な指揮者が汗をかきながら、テンポやリズムを揺らし、歌い回しでアクセントをつけるような演奏は、それ自体、良し悪しではなく、好き嫌いの問題だ。でも、その結果、響きのバランスが崩れ、混沌としてしまえば、音楽の構造が見えなくなる。そうならないためにも「オケの音のバランスはいい方が絶対的にいい。ピッチ（音程）は、合っている方が合っていないよりも絶対的にいい」（豊田）のである。

インタビューを続けよう。

——その通りですね。あなたは指揮者として、知的な面と力強い表現の両方を兼ね備えているという印象を受けます。

「私にとっての理想は、ある曲について、非常に明快なコンセプト（概念）を私自身が持っていて、それをオケが理解する。彼らは、私がどこにこだわっているかがわかるので、安心することができる。ホールの音響、演奏する曲目、我々はどこに向かおうとしているのか、といったことです。そうして初めて私は自由に自分自身、そして音楽を自由に表現できるようになる。そうなれば、私にもオケにも心配ごとはありません。進むべき道がわかっているので、あとは運転するだけです」

——あなたがここを去った後、後任として就任したグスターボ・ドゥダメルはどちらかというとバーンスタイン型ではありませんか。批判するつもりはありませんが。

「オケにとって、異なるアプローチの指揮者を持つのはすばらしいことです。私はこのオケ（ロサンゼルス・フィル）と十七年、一緒にいた。オケと指揮者は互いに影響し合うものです。その意味で、先日のガラ演奏会で、ズービン（メータ）、グスターボ（ドゥダメル）と私が会って、かつての日々、つまりこのオケと自分が最初に会ってから数年間のことを興味深く思い出しました。音楽監督としてここに来て、前任者から何かを受け継ぐ。そしてそれを自分の好みやスタイルで、さらに育てていく。そうして、あるときにオケと指揮者がまるで一つのユニットのようになる。そこから、すばらしいものが始まる。オケは指揮者の心が読めるようになる」

——今回、振ってみて、以前との違いは感じましたか？

「確かに。でも同時に面白かったのは、リハーサルを十五分もやると、オケは、自分がここを離れたちょうど十年まえと同じ状態に戻ったのです。本当に奇異な感じがしました。だって、そのころにはいなかった新しい奏者もたくさんいるのですから。オケというものには、この種の非常に特殊なDNA記憶ともいうべきものが存在する。（当時、サロネンが音楽監督をしていたロンドンの）フィルハーモニア管弦楽団も同じです。私が何カ月か離れて、その間にオケは別のたくさんの指揮者と演奏する。そうして自分がリハーサルをすると、最初の十分くらいはお互いを探し合おうとするのです。そうして再びつながる。それがどういう仕組みで起きるのかはわかりません。互いの共同の記憶ともいうべきものです」

「オケとは魚の群れのようなもの、サバの大群のように完全なフォーメーション（編成）で泳ぎます。でもそれがどのように起きているのかはわからない。ところがサメが来ると、魚群は一つのボールのようにまとまる。完全な球体です。オケにも同じことがいえます。オケは全体として完璧に演奏する能力をもっている。どのようにして、そうなるのかはわかりません。でもこの内なる団結力は驚くべきものです」

――作曲家兼指揮者であるあなたは、普通の指揮者とどこが異なっているのでしょうか。

「それはわかりません。私は常に両方のことをし続けているのでね。でもある意味、この二つは同じことの一部、なのです。楽譜を研究するとき、私はその作曲家のたどった足跡を自分でもたどろうとする。その作曲家が何をしようとしたのかを理解するためにね。だから、作曲家と指揮者というのはそんなにかけ離れたものではないんです」

クリアな音と豊かな音の両立へ

インタビューに同席した豊田は、次のように語る。

サロネンの答えは、こちらが考えていたとおりのものでした。これまでたぶんそうやっているんだろうなあ、と思ってはいました。でもそれを指揮者が自然にやっているのか、自覚しながらやっているのかということがわからなかった。インタビューを聞いて、オケのバランスや透明度については、指揮者自身がかなり意識しながらやっているということがよくわかりました。オケのバランスについて、マエストロ（巨匠指揮者たち）に直接質問するという機会はあまりない。親しくなったところで、指揮者の側近やオケの事務局長などに話してみるのです。でも、バランス型の指揮者と熱情型の指揮者について話すとだいたい、ああ、そういう考えもあるのですか、となる。音楽監督や首席指揮者を選ぶ立場の人なのですから、本来なら、オケを育てることができる指揮者、つまり「バランス型」を選ぶべきなのですが、彼らの多くは、聴衆を呼べる人気やカリスマ性があるか、ということにこだわりが強く、音響のバランスといったことをあまり考えていないのです。

芸術的なインスピレーションを与えることができるカリスマ指揮者は、客演の一週間でその仕事を成し遂げることができるでしょう。ところが、オーケストレーションの訓練は一、二週間ではできない。これをするのが音楽監督の仕事のはずです。しっかりとできていれば、オケのバランスがすぐに壊れることはない。だから、訓練のできる指揮者の役目はものすごく大きいのです。逆に、オケを育てられない指揮者を音楽監督や首席指揮者に指名してしまうと、オケの土台が崩れてしまいます。そうなると、どんな指揮者を呼んでもうまくいかない。熱情型の指揮者は客演で呼べばいいんです。

例えば、ウィーン・フィルのように、音楽監督を置かずに自分たちで訓練を重ねているオケと、バーンスタインは相性がよかった。そういうオケで振るとオケに土台があるから、圧倒的にいい。だから、双方にとっていい結果になった。

そのバースタインの名演の一つに、ベルリン・フィルとのマーラーの交響曲第9番がある。同時代のライバル、カラヤンが率いるベルリン・フィルを客演で指揮したのは1979年10月のこの曲のみである。アメリカの音楽評論家デヴィッド・パトリック・ストリームズは、録音されたCDの解説で、「カラヤンの解釈とは異なる」とした上で、この演奏の特色を「マーラーの舞曲のリズムの底流にあるユダヤ系の民族音楽に対する感情と感性」だと指摘している。豊田の分析を当てはめれば、カラヤンが築き上げ鍛え上げたベルリン・フィルという土台の上だったからこそ、バーンスタインの感情、感性が際立った名演になったといえるのだろう。

ロサンゼルス・フィルの現在の監督ドゥダメルは、どちらかといえば、バーンスタインを想起させる熱情型の指揮者だ。果たして、オーケストラのバランスを意識できる、あるいは、バランス感覚を育てることができる「オーケストラビルダー」なのかどうか。豊田は、ドゥダメルの才能を認めつつ、こう見る。

ドゥダメルはもちろんすごい指揮者ですが、すばらしい演奏はオケの土台があってこそ可能なのです。その土台をつくったのは（前任の）サロネンなのでしょう。サロネンが、十年離れていても、十五分のリハーサルで「もとのオケの音響に戻せる」と言ったのは、その土台に戻すことではないか。

豊田が注目するのは、ロサンゼルス・フィルが２０１７～18年のシーズンから首席客演指揮者として招いた、フィンランドの女性指揮者スザンナ・マルッキだ。

フィンランドには、サロネンだけでなく、バーミンガム市響をラトルから引き継いだサカリ・オラモ、ワーグナーゆかりのバイロイト音楽祭で２０２０年に楽劇「ニーベルングの指環」を振る予定（新型コロナウイルスの影響で開催中止）だったピエタリ・インキネン（日本フィル首席指揮者）ら、音響バランスに優れた指揮者の伝統がある。いずれもシベリウス音楽院で学んでいる。同学院でチェロと指揮を学んだマルッキもその伝統を継ぐ「バランス型の指揮者」だと豊田は見る。

ドゥダメルとタイプの異なる彼女を、オケが意識して選んだのかはわからない。でも彼女なら、オケをつくることができる。ドゥダメルとは対照的だから、バランスが取れるのではないか。彼女が指揮したメシアンの難曲「トゥーランガリラ交響曲」は、これまで聴いたどの演奏よりもクリアだった。この曲はカオスそのものに聞こえるのに、これほどクリアな曲だったのか、と驚いたくらい。

豊田とフィンランドのつながりは、ロサンゼルス・フィル時代から知るサロネンに加えて、ヘルシンキ・ミュージック・センターのコンサートホール（2011年）の音響設計でさらに深まった。こうした音響バランスに優れた指揮者、オーケストラの伝統を持つフィンランドでホールをつくることは、自らの求める理想とも合致する。そのオープニング・コンサートについて、豊田はこう記録している。

オープニング・コンサートは二つのレジデント・オーケストラ（筆者注：そのホールを本拠地とする楽団）による演奏を中心としたもので、両オーケストラメンバーの混成オーケストラ（ユカ＝ペッカ・サラステ指揮）によるシベリウスの「フィンランディア」で始まった。合唱団がホール客席の通路部分に配置され、有名な中間部分を高らかに歌い上げた。フィンランドではほとんど国歌に準ずるといえる程に広く親しまれている曲で、ホール内が歌声で満たされた瞬間は、フィンランド人でなくとも感極まった。当夜のハイライトは、何といってもプログラムの最後に演奏されたフィンランド放送響（サカリ・オラモ指揮）によるストラヴィンスキーの「春の祭典」であろう。変拍子と不協和音が連続して複雑に入り組んだこの難曲中の難曲が、十分な迫力で、しかも曲の隅々までクリアに聞こえた。音が豊かに、しかも非常にクリアに聞こえること――このしばしば相反する二つの音響的に重要な要素が高い次元で両立すること――が重要であり、音響設計段階での大きな目標の一つである。豊かな音響に対しては長めの残響が有効であろう。しかしながら、残響を長くすれば、一方で音の明瞭さは失われる。音の明瞭さの確保に重要な役割を果たす初期反射音が適切に得られるような設計が重要である。初期反射音に対しては室の形状が大きく影響する。ヴィンヤード型コンサートホールはこれらの重要な初期反射音を効率良く得るのに、より適したホール形状ではないかと考えている。

（2011年9月、永田音響設計のニュースレターより）

同レターには、フィンランドの後に立ち寄ったシューボックス型の名ホール、ウィーン楽友協会（ムジークフェラインスザール）の音響と比較するくだりがある。

ヘルシンキにおけるオープニング・コンサートの後、引き続きウィーンに飛び、かのムジークフェラインスザールにおいて三日間、別のコンサートを聞いてきた。典型的なシューボックスタイプの名ホールであり、その豊かで素晴らしい音響はいつ行っても圧倒される。しかしながら、こと音の明瞭さに関していえば新しいヴィンヤード型コンサートホールの方がより明瞭であり、音楽の構造がくっきり聞こえてくる。少なくともストラヴィンスキーのような近代物、現代物にはより適しているとの思いを強くした。

音が豊かに、しかも非常にクリアに聞こえること――このしばしば相反する二つの音響的に重要な要素が高い次元で両立することこそ、豊田がホールづくりで目指す究極の目標である。クリアであることは、時代の要請ともかかわる。豊田は言う。

デジタル時代の聴衆は、デジタル録音で全部クリアに聴いている。ヘッドホンでCDを上回る音質のハイレゾ録音を聴けば、あらゆる楽器の音がクリアに聞こえる。ところが、実際のコンサート会場に来て奏者が演奏しているのに、その音がもやもやして聞こえない、というのでは困るわけです。難しいのは、オケの奏者の楽器の音一つひとつが全部聞こえれば正解、というわけではないことです。例えば、オケのさまざまな楽器の中で、ティンパニの音が聞こえないとしましょう。録音なら、その音が聞こえるまでマイクの感度を上げればいい。でも、それがオケ全体として正確で理想的なバランスかどうかはわかりません。私が目指しているのは、ステージの上で聞こえるべき音はすべて理想的に聞こえるべきだということなのです。一方で豊かな音も欲しい。クリアな音と豊かな音はたいていの場合、両立しないのです。それを両方とも高いレベルで実現させたい。

では、「クリアな音と豊かな音」をどうやって両立させるか。豊田が明かすカギの一つは、視覚と音響との関係である。

ホールがクリアに鳴っているかどうかは、一人ひとりの奏者の顔が見えるか、という視覚と結びついています。奏者の顔が見えなければ、音もごちゃごちゃになって、直接来るべき音が届かないものなのです。それは演奏家もコンサート好きの人も経験的にわかっていることだろうと思います。ところが音響の技術者や音楽家にすれば、視覚と音響が根っこでつながっているとなると、理論的に説明できなくなる。音響の実験や演奏者のテスト(オケに入団する新メンバーを選ぶオーディションなど)を目隠しでするように、音響と視覚を意図的に分けて考えてきたところがあります。でもみんなコンサートで目をつぶって聴くわけではないでしょう。視覚と音響を分けることは、プラクティカル(実用的)ではありません。見えることは、聞こえることにつながるのです。

豊田が設計したホールは、ステージの周りを客席が囲み、ステージ上のオケは、オーケストラぜりで指揮者から離れるに従って、同心円状に高くせりあげることができる。指揮者から個々の奏者がよく見えるだけでなく、奏者同士、さらには、聴衆から個々の奏者もよく見えることを意図した設計である。オーケストラぜりのないホールで、オケが平面上のステージで演奏するよりも音は明らかにクリアになる、というのが豊田の見立てだ。

ステージの上が平面になっていると、演奏者が観客からよく見えない。そうすると、観客にとってもクリアな音には聞こえません。演奏家同士もせりで高低差があれば、アイコンタクト（互いの視線を合わせること）ができる。お互いによく見えて、よく聞こえると、結果的に音響もよくなる。ウィーン楽友協会のステージもすごく急な勾配《こうばい》です。一方で、現代のコンサートホールは、録音では提供できない社交の場でもある。客席での観客同士のアイコンタクトも重要です。ステージをはさんで反対側の客席にいる友人を見つけて「後でメシでも」となる。感動の瞬間を共有するというインティマシー（一体感）が生まれます。

豊かでクリアなホールの代表格として知られるウィーンの楽友協会では、指揮者と奏者との「視覚」には問題はない。ただ、シューボックス型の場合、聴衆と指揮者、奏者との

「視覚」は、ステージから離れた後方の席に行けば行くほど、一体感を欠くものになる。「こと音の明瞭さに関していえば新しいヴィンヤード型コンサートホールの方がより明瞭であり、音楽の構造がくっきり聞こえてくる」という豊田の指摘は、そうした「視覚」面での優劣とも無縁ではないのだろう。クラシック音楽の社交の場としての歴史はウィーンが勝るとしても。

指揮者とオケのDNA記憶

では、豊かでクリアな音を、指揮者、演奏者の側はどのように意識してつくろうとしているのだろうか。この点についてもサロネンはインタビューのなかで言及している。

「私が音響をつくるのは、ピラミッド（の底部）からです。つまり、低音から、だんだんと上にあげて、ピラミッドを形作るようにしています。その上で、第一ヴァイオリンの奏者たちに、『弦にあまり圧力をかけてはいけない。圧力を少なめにして、動きをより多くするとよくなる』ということを伝えます。ヤス（豊田）のホールではどこでもそうなのだけれど、音を力任せに弾いてはいけない。極めてふくよかな音で弾くべきなのです。ふくよかな音こそが、倍音などの豊かな音をつくり出すものなのです。彼のホールではそうした音が非常によく響きます。もし、演奏家が力任せに弾いたら、出てくる音は歪みのある音となって、透明性が失われてしまうでしょう」

――奏者たちはすぐにそのアドバイスを吸収できますか。

「試してみることです。『こうしたらいいよ』と言って、それを試してみる。その違いを感じた上で、『うん、これならいい音がする』と。そうすると（原因と結果の）心理的なフィードバックが生まれていく。具体的な動きを変えてみて、その結果を耳にして、身体が覚え込んでいく。後は自動的にうまくいきます」

「音楽家として私が興味深く思うと同時に、ヤスが長い間考え続けてきたことは、『明瞭かつ透明であること』と、『最大のダイナミックレンジ』とを、いかにして組み合わせるかということなのです。『美しさと明瞭さを組み合わせる』と言ってもいい。ある意味で、そう単純な問題ではないのです」

――両者は時に、矛盾すると。

「ええ。（この二つをどう両立させるかについて）ときどき私が音楽について考えていること、そして私がオーケストラの音はこう鳴るべきだと考えていることと、ヤスが理想としていることは、非常によく合致しています。つまりホールが（楽器として）どう機能すべきか、ということなのです」

――ホールをつくるとき、彼が常に意識しているのは、そこで演奏する奏者や指揮者たちが演奏しやすく、幸福な気持ちになるかということだと言っています。聴衆のため、ではない、と。

「それはとても正しい考え方だと思う。つまり、聴衆の喜びは、演奏者がすばらしい演奏をした後にやってくるのだから。演奏会がすばらしいものになるためには、音（音響）がすばらしいものでなければならない。つまり、ヤスが目指していることは、演奏者が最高のレベルで演奏できる音響的な環境をつくる、ということなのです。そういう環境であれば、表情豊かで美しく、効果的な音響、表現というものをつくりだすことができます」

サロネンとのインタビューで、もう一つ、気になる言葉があった。彼が自分の育てた楽団（ロサンゼルス・フィル、英フィルハーモニア管）との間に持つ「DNA記憶」。音楽監督として、オーケストラを鍛え上げ、弦楽器、木管、金管、そして打楽器が全体として一つの楽器となる。奏者全員がその音響のバランスを記憶する。そんなイメージだろうか。指揮者と楽団にそうしたDNAが備わっていれば、新しいホールでも、未知の響きをその記憶に合わせて微調整することが可能になる。ハンブルクのエルプフィルハーモニーの開幕直後、リハーサルなしのぶっつけ本番に近い状態で演奏会に臨んだにもかかわらず、完璧な演奏を示したムーティとシカゴ響の成功の秘密も、このDNA記憶にあるのではないだろうか。

マエストロと呼ばれる巨匠指揮者のなかでも、オーケストラとの間で絶妙な音響バランスを共有し、それを維持することができるのはごく一握りだ。逆に、どんなに音響のいいホールであっても、そうしたことができる指揮者とオーケストラの組み合わせがなければ、「楽器」としてのホールの評価は定まらない。「ストラディヴァリウス」を弾きこなすためには、その楽器の能力を最大限に引き出せるヴァイオリン奏者が必要であるのと同じように。

豊田だけが知る「いい音響」の秘密は何か。

筆者はこれまで、何度となくそれを尋ねてきた。だが、その度に彼は、困惑の表情を浮かべる。その表情に筆者も困惑した。さらには、彼を知るバレンボイムやラトルにも同じ質問を投げかけてみた。その答えも本書の中で示してきた。今ならわかる。その問いは、「彼だけでは答えられない問い」なのである。

音響設計家の場合、ホールという楽器をつくるためにまず、設計、建築の段階で建築家とのやりとりがある。そうして「楽器」としてのホールをつくってもまだ「いい音響」は引き出せない。建物が完成した後に、指揮者、演奏家、オーケストラとのやりとりを通じて、そのホールがもつ最良の響きを探し求める作業がある。ホールを「弾きこなせる」限られたオーケストラ、指揮者との共同作業で時間をかけて探り当てていくものなのである。最新のホールは、まだその作業を経ていない。あるいは作業の途上である。その段階で、「これはいいホールですか」と聞いても、彼にはまだ答えられないのである。

楽器としてのホールが「すぐれた響き」を得るためには、その共同作業プロセスの一つひとつが重要であること、それを豊田がいかに重視してきたかは、これまでの各章で示してきたとおりである。

ストラディヴァリウスとは、イタリア・クレモナの楽器職人ストラディヴァリ父子三人（父アントニオ、子フランチェスコ、オモボノ）が製作した弦楽器のことで、特にアントニオが17世紀〜18世紀にかけて製作したものが有名である。現在も約600丁が残るといわれ、1丁で数億円するものも珍しくない。その製作技法は継承されておらず、なぜいい響きを持つのか、科学的な理由を示すことは難しいといわれる。ストラディヴァリは、ヴァイオリンをつくっているときに、何百年も弾きつがれる名器になることを知っていたのだろうか。「いいホールだから結果的に残った」（豊田）といわれるウィーン楽友協会のように、「結果的に」いい楽器として残ったのだろうか。ストラディヴァリ父子に聞くことができない以上、それは永遠の謎である。

仮に父子が「知っていた」としても、その知識は今現在、伝承されていない。その材質や厚み、製作方法、どんなニスを使ったのか、経年変化や誰が弾きこんだかによっても、鳴る音は違ってくる。どんなヴァイオリンの名器でも、博物館や収蔵家が演奏せずに保管していたものは、取り出してすぐにはいい音が出ないといわれる。いい音を再び取り戻すためには、優れた演奏家が一定期間、その楽器を弾き込む必要がある。では、それは数日間でいいのか、数年間かかるのか。どのくらい優れた演奏家ならそれができるのか。それをデータ化することは不可能だろう。楽器の外形や内寸のサイズだけをいくら正確にコピーしても、ストラディヴァリを再現することなどできないのだ。ホールの音響もそれに似たものではないか。

ヴァイオリンという楽器がもつ最良の響きを引き出すためには、優れたヴァイオリン奏者との共同作業が欠かせなかったはずだ。共同作業で得た経験に彼ならではの直感をまじえて楽器をつくっていく中で、ほかのヴァイオリン職人がまねすることのできないすぐれた響きが備わっていく。そして超一流の演奏家のみが、その響きを引き出すことができる――。指揮者、オーケストラとの共同作業で最良の「響き」を探る豊田の手法を当てはめれば、こんな類推も成り立つのではないだろうか。

指揮者やオーケストラ、演奏家のなかには、自らの技量や工夫を顧みず、「いい音が出ない」という苦情を豊田に伝えることがある。ある著名な指揮者は、エルプフィルハーモニーについて「このホールではブルックナーの響きが出ない」と伝えたという。豊田にすれば、楽器（ホール）のせいにする前に、もっとうまくこの楽器を弾きこなしてほしい、と言いたいところだろう。だが、指揮者や名門オケを前に、そんなことを言っても多くの場合、相手の機嫌を損なうだけだ。逆に、ゲルギエフ、バレンボイム、ラトル、サロネンといった超一流の指揮者たちは、豊田のアドバイスに耳を傾けながら、共同作業で最高の音響を引き出そうと努力を続ける。その彼らとですら、必ずしも常に最高の音響を引き出せるとは限らない。楽器にせよ、コンサートホールにせよ、これなら絶対にいい音になるという科学的な「正解」や「数値」があるわけではない。なにしろそれは、そこで演奏する指揮者やオーケストラといった生身の人間を抜きには語れないのだから。だからこそ、バレンボイムは、音響について「天気予報のようなもの」というのだろう。超一流の指揮者、演奏家と豊田が協力して目指すものは、天気予報どおりに「晴れる」確率を上げていくための地道な作業なのである。

グローバル時代の音響DNA

では、優れた指揮者やオーケストラが、新しいホールでそのホールがもつ最良の響きを探す際、何に頼り、どうやって探すのだろうか。そのヒントになるのが、サロネンの言葉だ。

オーケストラが全体として、魚群のように一つの楽器として響きを奏でること、そして、その響きをホールというもう一つの楽器を鳴らすために活かすこと。サロネンのいう「指揮者とオケのDNA記憶」を、未知の音響空間に当てはめていく作業なのだろう。そして、その記憶は、「指揮者、オーケストラ、ホール」という三位一体の記憶となる。

その記憶も、いつまでも同じ形で保てるとは限らない。カラヤン時代のベルリン・フィルがベルリンのフィルハーモニーで奏でるときにもっていた独特の響きは格別だったといわれる。筆者自身、カラヤン晩年の1988年に初めてベルリンのフィルハーモニーでベルリン・フィルを聴いた際、独特の音響を味わった。その際の指揮者は、カラヤンではなく、クリストフ・フォン・ドホナーニだったが、カラヤンが育てたアンサンブルという土台の上での演奏だったのだろう。ムソルグスキーの交響詩「禿山の一夜」(原典版)を聴きながら、ベルリン・フィルを本拠地で聴くと、こんなにもすごい音がするのか、と背筋《せすじ》がぞくぞくするような興奮を味わった。ベルリン・フィルがベルリン・フィルハーモニーというホールを「楽器」として鳴らしていることを実感できたからこそ味わえるものだった。その独特の響きは、その後、アバド、ラトル時代に同ホールで聴いたベルリン・フィルの響きとは異なるものである。

カラヤン時代のベルリン・フィルの音や響きは特別のもので、その後の時代のものとは異なるという見方は、聴衆だけではない。実際にカラヤンのタクトで演奏した奏者たちの間でも、「あの時代の音は二度と出せない」と語られている。現在、カラヤン時代からの団員はもはや数人しか残っていない。彼らのなかには、リハーサル中に「カラヤン時代には、こんな音ではなかった」と別の指揮者を前に苦言を呈することもあるという。

音響バランスにすぐれたラトルでさえ、カラヤン時代にいったん築きあげたDNA記憶を再び取り戻すことはできなかったのだろうか。あるいは、楽団員の国際化が進み、古楽器奏法や、作曲当時の小編成での演奏など、演奏スタイルが変化するなかでドイツ的な古きよき郷愁とは異なる、新しい時代の響き、新たな響きを見いだしたというべきなのだろうか。単純な優劣で語れるほど、簡単な議論ではない。ラトルの後にベルリンを率いているロシアの指揮者キリル・ペトレンコのもとで、今後どのような響きを指揮者、ホールとの間でつくり、記憶することになるのか、興味は尽きない。

そんなホールとオーケストラとの特別な結びつきを考えるとき、例外といえるのが、東京のサントリーホールではなかろうか。内外の楽団が演奏会場として使う同ホールは、特定のオーケストラのためのコンサートホールではない。一方で、本拠地に名ホールを持つ三大オケ（ウィーン・フィル、ベルリン・フィル、コンセルトヘボウ管）を含む世界の名だたる楽団が毎年のように来日公演の会場として使用してきた。そうすることで、本拠地ではないにもかかわらず、世界各地のオーケストラや名指揮者たちは、サントリーホールの「鳴らし方」を知るようになる。本拠地でないホールであるにもかかわらず、ホールとの間でDNA記憶をつくりあげることに成功したといえるのではないだろうか。

ベルリン・フィルの公式ホームページは、2016年に30周年を迎えたサントリーホールについて、「世界的に有名な音響」「今では世界のなかで最も有名なコンサートホールの一つになった」と高い評価を下している。カラヤンの後任、クラウディオ・アバド（在任1990〜2002）のブラームス全交響曲演奏会（1992年）、ラトルによるベートーヴェン全交響曲演奏会（2016年）などを列挙した上で「オケは日本の聴衆と特別のつながりを感じている」と述べ、「サントリーホールはオケにとって第二の本拠地となった」と結論づけている。

常任の指揮者を置かず、来日のたびに異なる指揮者を連れてくるウィーン・フィルも、同ホールの常連だ。その指揮者のひとり、ゲルギエフは、ウィーン・フィルに加えて、ロンドン響、ミュンヘン・フィル、マリインスキー歌劇場管といった世界の名だたるオーケストラを率いて公演を重ねた。音響のＤＮＡをつくれる指揮者は、見いだしたＤＮＡ記憶を自分が率いる別のオーケストラに伝えること、当てはめることもできるはずである。

こうして世界的な指揮者やオーケストラが、サントリーホールをすぐれた「楽器」として使いこなしていくなかで、当初、東京文化会館など旧来のホールと比べて、音響に不満をいうことの多かった日本の指揮者、演奏者たちも、次第にサントリーホールを「楽器」として使えるようになっていった。

そんな連鎖反応の積み重ねを経て、いまや世界の著名演奏家、オーケストラが、「そこで演奏することを栄誉に感じる」ホール、クラシック音楽の殿堂としての地位を築き上げたのである。

開館以来三十数年にわたる好循環の連鎖反応は、豊田が日本や海外の各地にヴィンヤード型のホールをつくっていった時代と重なる。

主なものを改めて列挙してみよう。

１９８６年　サントリーホール

１９９７年　札幌コンサートホール Kitara

２００３年　ウォルト・ディズニー・コンサートホール（米ロサンゼルス）

2004年　ミューザ川崎シンフォニーホール
2006年　マリインスキー・コンサートホール（ロシア・サンクトペテルブルク）
2009年　デンマーク国立放送局コンサートホール（デンマーク・コペンハーゲン）
2011年　ニューワールド・シンフォニー（米マイアミ・ビーチ）
2011年　ヘルシンキ・ミュージック・センター（フィンランド・ヘルシンキ）
2011年　カンザスシティ・パフォーミング・アーツ・センター（米カンザスシティ）
2014年　上海シンフォニーホール（中国・上海）
2014年　ポーランド国立放送交響楽団コンサートホール（ポーランド・カトヴィツェ）
2014年　ラジオ・フランス・オーディトリウム（フランス・パリ）
2015年　フィルハーモニー・ド・パリ（フランス・パリ）
2016年　ロッテ・コンサートホール（韓国・ソウル）
2017年　エルプフィルハーモニー（ドイツ・ハンブルク）
2018年　ザリャージエ・コンサートホール（ロシア・モスクワ）

どのホールも、その都市を代表する演奏会場としての地位を確立しており、世界の主要なオーケストラがその都市を訪れる際には、会場として真っ先に選ばれる場所になっている。また、上記の会場のいくつかは、ロサンゼルス・フィル、マリインスキー歌劇場管、パリ管など世界的なオーケストラの本拠地にもなっている。ラトルが、サントリーホールのことを「あらゆる名ホールの偉大な祖先、産みの親」と呼んだのは、まさにこのことを指している。

建設された場所もクラシック音楽の本場欧州に加えて、アメリカ、中国、韓国など全世界に及ぶ。この間、クラシック音楽の世界でもグローバル化が進んだが、それと歩調を合わせるかのような動きである。

そのなかで、バーミンガム市響とラトル、モントリオール響とデュトワのように、それまで地方オケに過ぎなかった楽団が優れた指揮者との共同作業でDNAを見いだし、世界の名門オケに伍して録音や海外公演をする事例が欧米主要都市以外でも目立つようになってきた。

最近の例でいえば、ロシア中央部の地方都市ペルミを拠点にそこでの歌劇場を率いながら、自らがメンバーを集めて設立したオーケストラ、ムジカ・エテルナの演奏で注目される指揮者テオドール・クルレンツィスが挙げられるだろう。ムジカ・エテルナと録音したチャイコフスキーの交響曲第6番「悲愴」、マーラーの交響曲第6番「悲劇的」が二年連続で、日本のレコード・アカデミー賞（音楽之友社主催）に輝き、2019年春の初来日公演で、日本の聴衆にも大きな衝撃を与えたこの指揮者にも豊田はかかわっている。

ペルミに現在のオペラハウスとは別に、新たなオペラハウスをつくるプロジェクトがあり、そこで音響を担当してくれないかと声がかかったのです。現地に行く前に、彼らが録音したモーツァルトの「フィガロの結婚」のCDをいちおう聴いておこうと思って聴いたら、あまりのハイレベルな演奏に驚きました。アンサンブルがただものではない。イギリスの地方オケを世界レベルに引き上げたラトルとバーミンガム市響の関係を思い起こしました。リハーサルでの指示でも非常に高い緊張感を維持しながら、音のバランスに徹底的にこだわっていました。

ペルミの新ホール構想は、彼が活動の拠点を2018年から首席指揮者の地位にあるドイツ・シュトゥットガルトのSWR（南西ドイツ）交響楽団に移し、19年にペルミ歌劇場の音楽監督を辞したことから、実現には至っていない。

筆者は2018年夏のザルツブルク音楽祭で、クルレンツィスがベートーヴェンの全交響曲の連続演奏会を開いた際、インタビューする機会があった。ロックスターのような風貌と193センチの長身から発する指揮、演奏の爆発的ともいえるエネルギーとオーケストラのバランスとの関係をどう考えているのだろうか。彼はこう語った。

「演奏の際、オケのバランス、響き（レゾナンス）には特に気をつかっています。リハーサルでは力を入れすぎない。バランスの質にこだわっているからこそ、ホールでエネルギーを加えたときにオケはバランスを心得ていて、飛び立てるのです。飛行機が離陸する前にすべての機械とエンジンをよく見て準備しておかないと、離陸しても墜落してしまいます」

エルプフィルハーモニーで彼がムジカ・エテルナと初めて演奏した際には、リハーサルに豊田が付き合い、音の出し方などについて、議論を重ねた。豊田が見立てたとおり、オーケストラビルダーとして、音響バランスをつくることができる指揮者なのだろう。

進化し続けるホール群

サントリーホールや豊田が音響を手がけた世界各地のホールで演奏し、そこでホールを「楽器」として使いこなすためのバランス、音響のDNAを見いだした指揮者にすれば、そのDNAをもとに、豊田が設計した世界各地のホールで優れた音響をつくり出すことはさほど難しいことではないはずだ。

エルプフィルハーモニーのオープニングで、まだホールに慣れていない地元のオーケストラ、NDRエルプフィルを指揮したサロネンが、「火の鳥」で圧倒的な名演を披露したことは第3章で触れた。なぜ可能だったのか。サロネン自身、私とのインタビューでこう語っている。

「ハンブルクのエルプフィルハーモニーに行けば、自分には、すぐに慣れ親しんだ感じがするし、何をすべきかがわかるのです。音響は、自分にとって、(ロサンゼルスのディズニー・コンサートホールで)慣れ親しんだものだからです。それは、(同じく豊田が音響設計した)サンクト・ペテルブルクでもヘルシンキでも同じことです」

音響の異なるホールにどう合わせていくのか。サロネンは、ディズニー・コンサートホールができた当時を振り返り、こう語る。

「新たな音響を自分が体験するとき、その体験は脳内で起きる。それは分析的なプロセスというよりも直感的なプロセスなのです。そのプロセスを通じてそのホール（の音響）を脳内で信頼していくようになる。これまでになかったホールなので、最初のうちは、演奏者たちは、ホールに対する信頼をもてない。だから最初はそのホールに立ち向かっていきます。だけれども次第にホールとの関係は対立から友情へと変化していくのです。オッケー、このホールは自分たちの楽器なんだ。このホールは、自分たちが演奏家として、やろうとしていることの延長線上にあるんだ。これも自分の表現の一部なんだ、ってね。そういったことを知るのには、ある程度の時間がかかったのです」

　サロネンは、２０１７年１月、エルプフィルハーモニーの開幕時にＮＤＲエルプフィルを指揮した後、同年９月と19年10月には、自らの手兵、英フィルハーモニア管をつれて、同じ場所で演奏会を開いている。サロネンは、団員に、どのように伝えたのか。来日時にメンバーの一人にエルプフィルハーモニーでのリハーサルの様子を聞くと、こう語った。

「弦楽器のセクションに、このホールでは、少しヴィブラートを多めにかけてほしい、という指示がありました。演奏する音が客席の聴衆にどう響き、聞こえるか、サロネンなりに計算した上での指示だったのだろうと思います」

19世紀につくられたウィーン楽友協会、20世紀半ばのベルリン・フィルハーモニーは、いくら名ホールであっても、当時の建築家、音響設計家が存命していない以上、別の場所に同じ設計思想で類似のものを再現することは難しい。ホールと指揮者、オーケストラが築いた音響のDNAは、そのホールを本拠地とするウィーン・フィル、ベルリン・フィル以外には、引き継ぐことはできない。ホール抜きには語れない、その特殊な結びつきは、海外公演では、持ち出すことが不可能だった。本拠地での公演と、それ以外の場所での公演では、どうしても埋められない溝があったのである。

サントリーホールがベルリン、ウィーンの両ホールと異なるのは、音響設計にかかわった豊田が、この間、同種のヴィンヤード型ホールを相次いでつくったことで、類似の設計思想、音響をもつホールが日本だけでなく、世界各地にできた点にある。音響バランスにすぐれた指揮者、オーケストラは、サントリーホールだけでなく、豊田が設計した世界各地のヴィンヤード型ホールで公演することで、それらのホールにいわば「共通する音響のDNA」を見いだしていく。ベルリン・フィルがサントリーホールでの演奏を重ね、「第二の本拠地」としたように。そして、ロサンゼルス・フィルやパリ管など、豊田が設計したホールに本拠地を置くオーケストラならば、札幌、ロサンゼルス、川崎、サンクト・ペテルブルク、パリ、ハンブルクなど、豊田のつくった世界のどのホールで演奏しても、サントリーや本拠地での演奏に匹敵する豊かでクリアな音響で演奏することが可能になったのである。それは、指揮者やオーケストラだけでなく、聴衆にとっても大きな喜びとなる。

日本や海外の各地で豊田が手がけたホールの音響特性と響きのすばらしさを知った彼らは、そのなかでも特に気に入るホールを見いだしていった。ラトルとヤンソンスがミューザ、ゲルギエフがキタラ、といった具合である。そうなると、日常的に演奏する本拠地でも同じレベルの音響をもつホールを豊田の設計で求めたくなるのは、ある意味、当然のことだろう。ゲルギエフは、サンクトペテルブルクのマリインスキー・コンサートホールに加えて、モスクワのコンサートホール「ザリャージエ」でも実現した。さらにミュンヘンでも、ミュンヘン・フィルの本拠地ガスタイクの音響設計の改修と、その間の仮ホールの音響設計を依頼する。ラトルは30年来の関係を結ぶ豊田に、ロンドンでの新ホールプロジェクトをゆだねた。

ウィーンやベルリンのホールは、「特定の場所」と結びついた固有のものである。歴史的ではあるが、もはやそれ以上にホールが発展することはない。一方で、豊田のホールは、サントリーホールを出発点に、そのDNAを引き継いだホールがいまなお、世界各地に誕生し続けている。いわば生命体のように進化しつづけるホール群なのである。しかもそのホール群は、現在を代表する巨匠指揮者たちがその場所での演奏を好み、自らの本拠地にもつくりたいと、こぞって声をかけている。そんな音響設計家は、現在だけでなく、過去を含めても豊田しかいない。

豊田の設計したホールがあれば、世界の超一流のオーケストラ、指揮者らは、そのホールが所在する世界のどこであっても、ホールのDNAともいうべき音響特性を活かした演奏と響きを持ち運ぶことができる。

それは、豊田がつくったホールのもつ音響のDNAをつかみとることのできる指揮者とオーケストラがいれば、クラシック音楽の本場ドイツ、オーストリア以外の場所を拠点にしながら、世界を相手に競うことができる可能性を秘めていることを意味する。ベネズエラ出身のドゥダメルが率いるロサンゼルス・フィル、ギリシャ出身のクルレンツィスが率いるムジカ・エテルナなど、注目を集める次世代の指揮者とオーケストラが、非ドイツ・オーストリア圏から出てきたのは偶然ではない。そして、その二人とも豊田との個人的な関係を築いている。優れた楽団が名ホールとともに育つとするならば、ベルリンやウィーンに匹敵するグローバル時代のスーパーオーケストラが、世界のどこから生まれてもおかしくはない。豊田の設計するホールを本拠地にもち、音響のDNAをつかんだ指揮者と奏者がそろえば、そのチャンスは十分にあるのである。

サロネンのいう「ホールとオケのDNA」、そして世界各地に広がる自分のホール群がクラシック音楽界に与える影響について、豊田自身はどこまで意識しているのだろうか。

言われてみれば、ああそうなのかな、という感じです。自分でそこまではっきりした考えをもっているわけではありません。もちろん、最初からそんなことを考えて各地にホールをつくろうとしたわけでもありません。

ただ、はっきりいえることは、誰が指揮をしてもいい音響をもつホールというものはありえない。マエストロと呼ばれる名指揮者の中には、音響やオケのバランスに敏感な指揮者が確実にいる。そして、彼らだけが、その複雑さに気がついている。そのことがわかってもらえればいいと思います。

コンサートホールという「楽器」をつくることは、ホールという建物の完成によって終わるのではない。むしろ、そこからが始まりとなる。新たな音響空間に超一流の指揮者、演奏者を招き、彼らとの共同作業でその弾き方、鳴らし方をみがきあげていく。オーケストラのメンバーが室内楽などを通じて、アンサンブル力も高めていく。そうしたプロセスを積み重ねることで、優れた響きを持つホールという楽器は、初めて「名ホール」へと育っていく。

豊田がロサンゼルスのウォルト・ディズニー・コンサートホール以来、約二十年に及ぶ海外での活動で世界各地につくったホールはこれから、どう育っていくのだろうか。ベルリン・フィルハーモニーやサントリーホールが名声を確立するのに三十年近くを要したように、それは進化し続ける未完のプロセスである。

終章　コロナ後のコンサートホール

２０２０年11月4日、指揮者ワレリー・ゲルギエフとウィーン・フィルハーモニー管弦楽団の一行１０５人が来日公演会場の最初の都市となる福岡県北九州市に到着した。その年の初めから世界を襲ったコロナ禍で、海外の有力オーケストラが来日したのは初めてだった。オーストリアのクルツ首相は来日に先立って菅義偉首相に特別な配慮を求める親書を送り、それを受けた日本政府が、入国者に定められた14日間の自己隔離を免除する措置を執って公演は実現した。団員らは連日、感染の有無を確かめるPCR検査を受け、奏者間で特別な距離をとらずに通常どおり演奏した。これもコロナ禍では珍しい試みだった。

チャイコフスキーの交響曲第6番「悲愴」やストラヴィンスキーのバレエ音楽「火の鳥」全曲など、ゲルギエフが十八番《おはこ》とするロシアものを中心にプログラムを組み、ライヴ演奏での音楽の力によって希望と喜びを日本の聴衆に伝えたのである。

北九州、大阪、川崎、東京の四都市をめぐった公演の会場には、豊田が音響を手がけたミューザ川崎シンフォニーホール、サントリーホールのほか、永田音響設計の東京事務所が音響を担当した大阪のフェスティバルホールも選ばれた。

例外的な対応での来日が本当に実現できるのか。そもそも、来られるのか。関係者が直前まで気をもむなか、豊田には10月の早い段階でゲルギエフから「行く」との意向が伝わっていた。ふつうなら、彼の来日公演には必ずといっていいほど立ち会う豊田だが、今回は見送った。約二十年、生活の拠点としてきたロサンゼルスからの本帰国を同じ11月の中旬に控えていたからである。

帰国を前に、朗報が届いた。第28回（2020年度）渡邉曉雄《わたなべあけお》音楽基金の特別賞受賞者に選ばれたのだ。シベリウスなどを得意とした日本指揮界の重鎮・渡邉曉雄（1919〜90）の名を冠した同基金は、1993年度から若手指揮者に音楽賞、「オーケストラ界に貢献した関係者」に特別賞を贈っている。音響設計家としては、永田音響設計の創設者で豊田の師永田穂（1925〜2018）が第21回（2013年度）に選ばれて以来の受賞となった。

受賞の理由として、同基金は、豊田を「世界を代表する音響設計家の一人であり、現在、最も世界に羽ばたいている音楽関係者」としたうえで、「サントリーホール（1986年開館）、ミューザ川崎シンフォニーホール（2004年）、札幌コンサートホールキタラ（1997年）など数々の名コンサートホールを設計し、世界中から来日した演奏家にその素晴らしさを認められ、日本の音楽環境の向上に寄与、その後ウォルト・ディズニー・コンサートホール（2003年、ロサンゼルス）、エルプフィルハーモニー・ハンブルク（2017年）を始め世界に数々の名コンサートホールを誕生させていった」とこれまでの業績を列挙した。そして「ホールの音響もまた〈楽器〉であることの認識を世界的に深め、『豊田さんの設計したホールで演奏する私たち音楽家は本当に幸せだ』（尾高忠明）と、音楽家とともに『音楽への貢献』を続けている」とその活動を称えた。

コンサートホールをつくりながら、日本、そして世界で数多くの指揮者、オーケストラに寄り添い、いわばに黒衣としてホール、演奏の究極的な音響バランスを探ってきた豊田に脚光を当てたのである。欧米の主要なオーケストラ、ホールの関係者では、「音響のトヨタ」を知らない人が珍しいほどの存在だけに、国内での評価は遅すぎたともいえるだろう。

受け取った副賞を手に豊田は、コロナ禍で厳しい状況に置かれている日本のオーケストラをどうすれば手助けできるだろうかと考えた。熟慮の末、賞金は公益社団法人・日本オーケストラ連盟に全額寄付することを決めた。特定の楽団に肩入れすることが難しいなか、気配りを重んじる彼ならではの判断だった。

68歳の誕生日を目前に帰国した後の「セミ・リタイア計画」も、コロナ禍で大きな変更を迫られた。永田音響設計のロサンゼルス事務所代表という会社幹部としてのマネジメント業務から手を引き、海外での限られたプロジェクトの音響設計に日本を拠点としてかかわるつもりだったが、自己隔離を伴う海外渡航を頻繁にすることは当面、難しい。新型コロナウイルスの流行がもたらした世界的な経済停滞は、コンサートホールの建設計画にも悪影響を与えるだろう。帰国の時期を見極めていた豊田は、コロナ禍の広がりと犠牲が世界で最も深刻だったアメリカで、考える時間だけはたっぷりとあった。6月にロサンゼルス事務所代表を退任して以降、時折オフィスに立ち寄る以外の大半をヨットハーバーに面したロサンゼルス郊外の自宅で過ごしながら、考え続けた。今回のパンデミック（世界的流行）は、今後のホールづくりやホールとオケの関係にどのような影響を及ぼすのだろうか、と。

そのころ、ベルリンやウィーンでは、コロナ禍での演奏会をどうやって継続するか、そのためには、オーケストラの奏者がどれだけ離れて座れば、息や飛沫がかからないか、といった「ソーシャル・ディスタンス」（社会的な距離）、「フィジカル・ディスタンス」（身体的な距離）をめぐる試みが続いていた。日本でも指揮者大野和士と東京都交響楽団らが同種の実験を続けた。2メートルならいいのか、いや1メートルでもいいのか。観客席も定員の半数にする、あるいは、市松模様のように交互に座るといった実験が真剣に行われていた。密閉、密集、密接のいわゆる三密（三つの密）を避けるこうした試みを豊田はどう見ていたのだろう。

オーケストラの演奏というものは、近い距離にいる奏者同士が互いの音を聞き合うことで成り立つものです。ところが今は、アンサンブルをどう保つかという音楽的な問題とはかけ離れたところで、距離をどう保つかという物理的、あるいは医学的な議論だけが進んでいる。もちろん、コロナ禍の状況が今後十年、あるいは二十年も続くなら、その本質的なところに影響が出かねないでしょう。今進んでいるコンサートホールのプロジェクトでも、ステージのサイズや客席の設計を変える必要が生まれてきます。ですが、そういう議論は今のところありません。そもそも客席数がこれまでの半分では、ライヴのコンサートは興行的に成り立ちません。

私自身は、もう少し楽天的に考えたいと思っています。ワクチンの接種が広がるまで一～二年、感染が収束するまで四～五年くらいだとしたら、その間どうやって生き残るか。しばらくの間、がまんしながら、今までの演奏会のアーカイヴ（オンライン上での記録保存）やインターネット配信を活用していくしかないのではないか。

２０２０年のパンデミックは、オンラインでのコミュニケーションがあらゆる面で一気に広がる機会ともなった。ビジネスの現場では、ＴｅａｍｓやＺｏｏｍなどのアプリケーションを使ったオンライン会議、打ち合わせが当たり前になった。クラシック音楽もその流れと無縁ではない。既存の曲や新たに作曲された作品を、離れた場所にいる奏者が演奏し、その音をオンライン上で組み合わせる試みも続く。そんなとき、コンサートホールに求められる新たな機能は何なのだろうか。

ベルリン・フィルが「デジタル・コンサートホール」で続けてきたオーケストラ単位での録音とオンライン配信、それをアーカイヴするという方向性が、一つの答えだったのではないかと思います。コロナ禍においても、コンサート映像の配信などを一番うまく使っていたのがベルリン・フィルです。これは映像と音声の収録に力を入れたカラヤン時代の遺産でしょう。彼が種を植えたものが今、実を結んでいるのではないだろうか。

だとすれば、これからはほかのオケにも同じことが求められるようになってくる。聴衆がいなくてもネット配信のコンサートを開いた方がいい。そうすると、コンサートホールにはそのための設備が必要になるはずです。ホールとオケに求められれば、それを早く実現したい。今回のコロナ騒動に間に合うかはわかりませんが。

「デジタル・コンサートホール」は、ベルリン・フィルが2008年に開始した映像音声の配信サービスだ。技術的な進歩を重ね、現在では、インターネット対応のテレビ、スマートホン、タブレット、パソコンなどの機器で、ベルリン・フィルの演奏をCD並みの音質、ハイビジョンの高品位映像で味わえる。

年間チケット（20年現在で149ユーロ、約1万8700円）を購入すれば、シーズン約四十回のコンサートのライヴ中継に加えて、カラヤン時代やそれ以前にまでさかのぼる数百本に及ぶアーカイヴ映像も自由に視聴することができる。ベルリン・フィルの本拠地ベルリン・フィルハーモニーや、ツアーでの公演などコンサート会場でしか聴けなかった彼らの演奏を、世界のどこでも見て、聴くことができるようになったのである。

同サービスのため、ホール（ベルリン・フィルハーモニー）には、音声収録用のマイクに加えて、七台のリモート・カメラが設置され、ホール内に設置されたスタジオで音声、映像が収録されている。日本ではどうだろうか。海外オーケストラの日本公演などの収録では、奏者の後方に有人の大型カメラが入り、演奏中に動き回ることもある。放送や配信はまだ、特別なものという位置づけである。

例えば、サントリーホールに配信用のカメラを埋め込み、ホールのインフラ（基本的な設備）として、コンサートの映像と音声を収録できないだろうか、と思うわけです。いま設置されているカメラは配信用ではなく、送信・録音などの状態を監視するモニター用のものです。配信用に使えるカメラは小さくなっているし、そういった設備があれば、スタジオからスイッチ一つで収録できるようになる。コロナ禍がなくてもこういう設備をホールが備えているべきだと思います。コロナによって、そのことに気づかされたわけです。

これまで世界の録音市場は、有名な楽団や奏者にほぼ限られていました。今の日本のオケは、演奏のクオリティーも上がっている。指揮者やコンサートマスターのクローズアップ映像を見ることができれば、オケに対する親近感もこれまでとは異なってくるはずです。オンライン配信なら、コンサートホールに行くという選択肢がない、東京以外の聴衆も参加できる。それを本当に急いでやらないといけない。サントリーホールは、映像と音声の収録に力を注いだカラヤンの肝いりでできたホールなのだから、そのために活用してほしいと思います。

すでにCDなど過去の録音も、大半はiTunes（アップル）やスポティファイ、アマゾンミュージックなどのネット上でオンライン配信されている。YouTubeでの演奏配信も多い。聴きたい曲をレコード屋で探す時代から、オンラインで探す時代に入ったのである。こうした試みができれば、日本のオーケストラ、ホールにとって新たな収益の方向性が見えてくるのではないだろうか。一方で、収録、配信を前提にしたライヴ演奏会が当たり前になれば、力量の差も明らかになる。配信という場で競い合うことは、日本のオーケストラのさらなるレベルアップにもつながるはずである。

オンライン配信が一つの答えだとしても、豊田にはまだ考えあぐねていることがあった。コロナ禍での「密を避ける」という行動様式と、アンサンブルとの関係である。そんなか、来日したウィーン・フィルが大きなヒントをもたらした。

来日時の記者会見で、ウィーン・フィルは、奏者が近づいて演奏しないと質の高い我々のアンサンブルを保てない、離れたらもはやウィーン・フィルの音ではないと言い切った。これを聞いて、それまではコロナ禍では仕方ないのかなと、もやもやしていた問題の方向性が見えてきたように思うのです。つまりステージ上で奏者が距離を取るということは、やはりアンサンブル、響きの本質からするとやるべきことではない。ではどうすべきか。ウィーン・フィルはその答えも持ってきたのではないかと思います。

奏者全員が毎日のようにＰＣＲ検査を受けて、陰性を確認する。奏者の感染を避けた上で演奏はふだんどおりの形でする。これは、ほかのイベントでも同じです。大相撲の力士やサッカー、野球の選手が「距離を取って」競技することなどできません。でも、プレイヤーの感染を防ぐ形を取れば競技、公演は実施できる。そこに観客、聴衆を入れるかどうかは、感染の状況次第で決めればいいのです。そのことをウィーン・フィルは示した。これを見習うべきだと思うのです。コロナ時代のオーケストラ、音響のあり方を考え始めたときには、こうした解決策は見えていなかった。オンライン配信で音楽を届け続けるベルリン・フィル、指揮者と演奏者の感染を防いだ上でアンサンブルの密を保ちながら演奏するウィーン・フィル。この二つを組み合わせれば、解決策になるのではないかと思います。

今は、レコードの時代からＣＤ、さらに高音質なハイレゾ音源の時代に向かう過渡期です。極端にいえば、音響がどうのこうのというよりももう、コンサートホールなんていらないという議論もあり得る。でも、たぶんそうはならないと思います。希望、願望を含めてですが、演奏家と観客が時間を共有する芸術というのは余計、必要になってくるんじゃないか。すばらしいパフォーミングアーツ（ライヴ演奏）は、むしろなくならないのではないかと思います。

さまざまなホールの音響でのすぐれた演奏をオンラインで聴いた人が、そのホールで実際に聴いてみたい、と思うこともあるだろう。そこでオーケストラのライヴ演奏を聴き、響きに満ちあふれた空間、空気を演奏者、ほかの聴衆と共有する。その喜びは、決して録音やオンライン配信では得られないはずだ。豊田はそう確信している。

読者にはもう、おわかりだろう。豊田泰久という音響設計家が設計しているのは、コンサートホールという構造物内部の音響だけではない。生身の人間たちが奏でるオーケストラのアンサンブル、奏でる音響も、響きをみがくために欠かせないものなのである。コンサートホールという楽器は、音楽があってこそ響く。それこそが豊田の求める「響き」なのだ。

◇

筆者が豊田泰久氏と出会ったのは、2009年6月、ロンドン在住の作曲家藤倉大氏の「尾高賞」受賞作品「Secret Forest（シークレット・フォレスト）」の演奏会（演奏・NHK交響楽団）後の打ち上げの席だった。東京・白金台の居酒屋のテーブルで筆者のたまたま目の前に座ったのが彼だった。「音響設計家」だと聞いて、残響について、今思えば、気恥ずかしくなるような質問を投げかけたように記憶している。その後、筆者が新聞社の特派員としてエジプト・カイロに在勤中の2013年5月、イスラエル・フィルハーモニー管弦楽団の本拠地、テルアビブにあるマン・オーディトリウム（当時）の音響改修ができた際、「聴きに来ませんか」と声がかかった。地中海に面したホテルのロビーで改修をめぐる話を聞いているさなかに、指揮者のズービン・メータが現れた。豊田氏はその場で、「ズービン、彼は日本の新聞記者なんだけど、今晩の演奏会の合間にインタビューさせてくれないかな」と掛け合い、メータはその場で「いいよ」と応じた。

巨匠メータと気軽に語り合う日本人音響設計家の存在は、クラシック音楽好きである筆者にとって、非常に印象深かった。その後、建築家磯崎新氏と手がけた上海シンフォニーホールの開幕（2014年）や指揮者ゲルギエフとマリインスキー歌劇場管の来日公演（同年）に同行し、朝日新聞の特集面「be」の「フロントランナー」で取り上げた。ロサンゼルスのウォルト・ディズニー・コンサートホールや、サンクトペテルブルクのマリインスキー・コンサートホールに足を運ぶ機会もあった。2016年から約三年間のロンドン在勤中は、ハンブルク、ベルリン、パリなど欧州各地の新ホールの開幕時と重なった。ホールの完成時などに、彼と深いつながりを持つ世界的な指揮者や建築家たちにインタビューした内容は折りにふれて、朝日新聞の紙面に掲載してきた。彼らの見解を交えながら、音響設計家としての彼が求めてきた「究極の音響」、それを実現するための仕事ぶりを本にまとめられないだろうか。それが本書のきっかけである。

当然ながら、この本は豊田氏の全面的な協力なしには実現しなかった。また、豊田氏と知り合うきっかけとなった藤倉大氏には、作曲家の立場から、楽譜と演奏者との関係、演奏とホール音響の関係をどう見ているのか、折りに触れて興味深いコメントをいただいた。マルタ・アルゲリッチをはじめ、世界的な演奏家とのつながりが深いＫＡＪＩＭＯＴＯ

（旧・梶本音楽事務所）顧問の佐藤正治《しょうじ》氏にもこの間、多くの指揮者、音楽家の取材でお世話になった。豊田氏の盟友でもあるふたりにも感謝したい。豊田氏、佐藤氏との間では、日本のオケの音響バランスをさらによくするための密かな「企み」も議論している。実現した段階で、披露する機会を楽しみにしている。取材に当たっては、文中に名前を挙げた音楽家、建築家をはじめ、ほかにも多くの音楽家、建築家の関係者に協力をいただいた。いうまでもなく、本文中の文責はすべて筆者にある。

新聞社の特派員、そして帰国後も朝刊の編集長業務などの傍ら、執筆が遅れがちな筆者を辛抱強く待ち、いつも前向きなアドバイスを示し続けてくれた朝日新聞出版の編集者大場葉子さん、青木康晋・同社社長の後押しがなければ、本書は完成しなかった。一連の取材の機会を与えてくれた朝日新聞社、そしてこの間、多くの休日を執筆に充てることを許してくれた家族にも感謝したい。

コロナ禍が収束し、ロンドンやミュンヘンで豊田氏によるホールが完成するのはいつになるだろうか。新ホールがもつであろう、まだ誰もが耳にしたことのない響きを聴くことに期待を膨らませながら、筆を擱《お》きたい。

２０２１年１月　コロナ禍が続く大阪にて　　石合　力

コンサートホール・リスト――豊田泰久氏の音響設計による主なコンサートホール

【名称／場所／完成年／建築設計　※永田音響設計のＨＰなどに拠る】

1　サントリーホール／東京／１９８6年／安井建築設計事務所

2　京都コンサートホール／京都／１９９5年／磯崎新アトリエ

3　札幌コンサートホール Kitara／札幌／１９９7年／北海道開発コンサルタント

4　リチャード・フィッシャー・センター／ニューヨーク（アメリカ）／２００3年／Gehry Partners, LLP（フランク・ゲーリー）

5　ウォルト・ディズニー・コンサートホール／ロサンゼルス（アメリカ）／２００3年／Gehry Partners, LLP（フランク・ゲーリー）

6　ミューザ川崎シンフォニーホール／川崎／２００4年／松田平田設計

7　マリインスキー・コンサートホール／サンクトペテルブルク（ロシア）／２００6年／Fabre/Speller/Pumain

8　デンマーク国立放送局コンサートホール／コペンハーゲン（デンマーク）／２００9年／Ateliers Jean Nouvel（ジャン・ヌーヴェル）

9　ニューワールド・シンフォニー／マイアミ・ビーチ（アメリカ）／２０１1年／Gehry Partners, LLP（フランク・ゲーリー）

10　ヘルシンキ・ミュージック・センター／ヘルシンキ（フィンランド）／２０１１年／

Architectural office Laiho-Pulkkinen-Raunio

11 カウフマン・センター・ミュリエル・カウフマン・シアター／カンザス・シティ（アメリカ）／２０１１年／Safdie Architects

12 カウフマン・センター・ヘルズバーグ・ホール／カンザス・シティ（アメリカ）／２０１１年／Safdie Architects

13 アメリカ創価大学 パフォーミングアーツ・センター／カリフォルニア〈アリソ・ヴィエホ〉（アメリカ）／２０１１年／Zimmer Gunsul Frasca Architects

14 イザベラ・スチュアート・ガードナー美術館／ボストン（アメリカ）／２０１２年／Renzo Piano Building Workshop（レンゾ・ピアノ）

15 南カリフォルニア大・脳・創造性研究所（ＢＣＩ）／ロサンゼルス（アメリカ）／２０１２年／Perkins + Will

16 スタンフォード大・Bingコンサートホール／カリフォルニア〈スタンフォード〉（アメリカ）／２０１３年／Ennead Architects

17 チャールズ・ブロンフマン・オーディトリウム《改修》／テルアビブ（イスラエル）／２０１３年／Kolker Kolker Epstein Architects《改修時》

18 ヴァイオリン博物館・室内楽ホール／クレモナ（イタリア）／２０１２年／ArkPaBi

19 上海シンフォニーホール／上海（中国）／２０１４年／Isozaki + HuQian Partners（磯崎新）

20 ポーランド国立放送交響楽団コンサートホール／カトヴィツェ（ポーランド）／２０１４年／KONIOR STUDIO

21 ルイ・ヴィトン財団美術館オーディトリウム／パリ（フランス）／２０１３年／Gehry Partners, LLP（フランク・ゲーリー）
22 ラジオ・フランス・オーディトリウム／パリ（フランス）／２０１４年／AS.Architecture-Studio
23 フィルハーモニー・ド・パリ／パリ（フランス）／２０１５年／Ateliers Jean Nouvel（ジャン・ヌーヴェル）
24 チャップマン大学ホール／カリフォルニア〈オレンジ〉（アメリカ）／２０１６年／Pfeiffer Partners Architects
25 ロッテ・コンサートホール／ソウル（韓国）／２０１６年／Designcamp Moon Park
26 エルプフィルハーモニー／ハンブルク（ドイツ）／２０１７年／Herzog & de Meuron（ヘルツォーク&ド・ムーロン）
27 ピエール・ブーレーズ・ザール／ベルリン（ドイツ）／２０１７年／Gehry Partners, LLP（フランク・ゲーリー）
28 ラ・セーヌ・ミュジカル／パリ（フランス）／２０１７年／Shigeru Ban Architects Europe（坂茂）、Jean de Gastines Architects
29 レピーノ・ホール（ゲルギエフ・ヴィラ）／レピーノ（ロシア）／２０１７年／Fabre/Speller
30 金鶏湖コンサートホール／蘇州（中国）／２０１７年／同済大学建築設計研究院（集団）
31 ザリャージエ・コンサートホール／モスクワ（ロシア）／２０１８年／TPO Reserve

32
コンラッド・プレビス・パフォーミングアーツセンター／カリフォルニア〈ラホヤ〉（アメリカ）／２０１９年／Epstein Joslin Architects, Joseph Wong Design Associates

参考文献・資料

石井清司『ドキュメント　サントリーホール誕生』ぱる出版／1991年
佐治敬三『へんこつ なんこつ――私の履歴書』日経ビジネス人文庫／2000年
セルジュ・チェリビダッケ『チェリビダッケ　音楽の現象学（増補新版）』（石原良哉也訳）アルファベータブックス／2017年
ダニエル・バレンボイム『音楽に生きる――ダニエル・バレンボイム自伝』（蓑田洋子訳）音楽之友社／1994年
ダニエル・バレンボイム、エドワード・W・サイード『バレンボイム／サイード 音楽と社会』（アラ・グゼリミアン編／中野真紀子訳）みすず書房／2004年
チェスキーナ洋子『ヴェネツィア　私のシンデレラ物語』草思社／2003年
中澤創太『TOKYOストラディヴァリウス1800日戦記』日経BP／2020年
永田穂『建築音響（音響工学講座3）』コロナ社／1988年
永田穂『静けさよい音よい響き（彰国社サイエンス）』彰国社／1986年
バーバラ・アイゼンバーグ『フランク・ゲーリー　建築の話をしよう』（岡本由香子訳）エクスナレッジ／2015年
牧田康雄編著『現代音響学（改訂2版）』（永田穂〈等〉著）オーム社／1986年
宮崎隆男『「マエストロ、時間です」――サントリーホール ステージマネージャー物語』ヤマハミュージックメディア／2001年

Toyota, Yasuhisa. and Komoda, Motoo. and Beckmann, Daniel. and Quiquerez, Marc. and Bergal, Erik (2021) *Concert Halls by Nagata Acoustics: Thirty years of Acoustical Design for Music Venues and Vineyard-style Auditoria*. Springer
Gehry, Frank (2003) *Symphony: Frank Gehry's Walt Disney Concert Hall*. Harry N. Abrams
Mischke, Joachim (2018) *Elbphilharmonie Hamburg*. Edel Classics Gmbh

豊田泰久（音響設計）「フランク・ゲーリーについて」（『建築家 フランク・ゲーリー展 "I Have an Idea"』（21_21 DESIGN SIGHT、東京／２０１５年10月16日〜２０１６年２月７日）
http://www.2121designsight.jp/documents/2015/12/FG-interview-vol1.html
株式会社 永田音響設計 https://nagata.co.jp/
※そのほか、「ベルリン・フィル／デジタルコンサートホール」のドキュメンタリー・フィルム、朝日新聞はじめ各紙誌、関連サイトの記述も参考にしました。

石合力（いしあい・つとむ）
一九六四年、大阪市生まれ。一九八八年、朝日新聞社入社。中東アフリカ総局長、国際報道部長、ヨーロッパ総局長などを経て現在、大阪本社編集局長補佐。外交、紛争地取材のかたわら、クラシック音楽と政治、社会に関する取材も多い。著書に、『戦場記者――「危険地取材」サバイバル秘話』（朝日新書）がある。

響《ひび》きをみがく　音響設計家《おんきょうせっけいか》 豊田泰久《とよたやすひさ》の仕事《しごと》

二〇二一年三月三〇日　第一刷発行

著者　石合力
発行者　三宮博信
発行所　朝日新聞出版
〒一〇四-八〇一一　東京都中央区築地五-三-二
電話　〇三-五五四一-八八三二（編集）
〇三-五五四〇-七七九三（販売）
印刷製本　株式会社　廣済堂

ISBN978-4-02-251750-0
定価はカバーに表示してあります
落丁・乱丁の場合は弊社業務部（電話〇三-五五四〇-七八〇〇）へご連絡ください。
送料弊社負担にてお取り替えいたします。